POESIA COMPLETA

JOSÉ PAULO PAES

Poesia completa

Apresentação de Rodrigo Naves

1ª reimpressão

COMPANHIA DAS LETRAS

Copyright © 2008 by Dorothea Costa Paes da Silva

Grafia atualizada segundo o Acordo Ortográfico da Língua Portuguesa de 1990, que entrou em vigor no Brasil em 2009.

Capa
warrakloureiro

Preparação
Carlos Alberto Bárbaro

Índice de primeiros versos
Luciano Marchiori

Revisão
Ana Maria Barbosa
Carmen S. da Costa

Atualização ortográfica
Página Viva

Dados Internacionais de Catalogação na Publicação (CIP)
(Câmara Brasileira do Livro, SP, Brasil)

Paes, José Paulo
 Poesia completa / José Paulo Paes ; apresentação de Rodrigo Naves. — 1ª ed. — São Paulo : Companhia das Letras, 2008.

 ISBN 978-85-359-1338-5

 1. Poesia brasileira I. Naves, Rodrigo. II. Título.

08-09505   CDD-869.91

Índice para catálogo sistemático:
1. Poesia : Literatura brasileira   869.91

[2022]

Todos os direitos desta edição reservados à
EDITORA SCHWARCZ S.A.
Rua Bandeira Paulista, 702, cj. 32
04532-002 — São Paulo — SP
Telefone: (11) 3707 3500
www.companhiadasletras.com.br
www.blogdacompanhia.com.br
facebook.com/companhiadasletras
instagram.com/companhiadasletras
twitter.com/cialetras

SUMÁRIO

Apresentação — Rodrigo Naves, 17

O ALUNO [1947]

Canção do afogado, 35
Drummondiana, 37
Balada, 38
O homem no quarto, 40
Poema descontínuo, 42
O engenheiro, 46
O poeta e seu mestre, 47
Muriliana, 48
O aluno, 49

CÚMPLICES [1951]

Soneto quixotesco, 57
Madrigal, 58
Canção sensata, 59
Pequeno retrato, 60
Carta de guia, 61
Poema circense, 63
Ode pacífica, 64
Cúmplices, 65
Epigrama, 66

NOVAS CARTAS CHILENAS [1954]

Ode prévia, 71

Os navegantes, 73
A carta, 75
A mão de obra, 78
A partilha, 79
L'affaire Sardinha, 81
A cristandade, 82
Os nativistas, 83
O testamento, 85
Palmares, 87
Os inconfidentes, 91
Calendário, 99
A fuga, 102
O grito, 105
O Primeiro Império, 106
O Segundo Império, 107
A redenção, 108
Cem anos depois, 109
Os tenentes, 110
Por que me ufano, 112

EPIGRAMAS [1958]

Poética, 121
A Arthur Rimbaud, 122
A Edgar Allan Poe, 123
A pequena revolução de Jacques Prévert, 124
A Nazim Hikmet, 127
A uns políticos, 128
Primeiro tema bíblico, 129
Segundo tema bíblico, 131
Bucólica, 133
Il poverello, 134
Baladilha, 135
Do mecenato, 137
Volta à legalidade, 139
Cena legislativa, 140

Ivan Ilitch, 1958, 141
Nova ode ao burguês, 143
A Clausewitz, 144
Ressalva, 145
Gottschalk revisitado, 146
Ode, 147
Novo soneto quixotesco, 148
Matinata, 149

ANATOMIAS [1967]

As encomendas, 157
Anatomia do monólogo, 158
Os lanceiros, 159
Epitáfio para um banqueiro, 160
Exercício ortográfico, 161
De senectude, 162
Pavloviana, 163
Trova do poeta de vanguarda ou
    The medium is the massage, 165
Epitalâmio, 166
Cartilha, 167
Kipling revisitado, 168
Osso e voltas, 169
Ocidental, 170
A Maiakóvski, 171
O milagre alemão, 172
À moda da casa, 173
Conyxões, 174
O poeta ao espelho, barbeando-se, 175
Cronologia, 177
Poema para o dia das mães, 178
Anatomia da musa, 179
A um oportunista, 180
O suicida ou Descartes às avessas, 181
Or(aprovo)bis, 182

MEIA PALAVRA [1973]

Sick transit, 188
Post prandium, 190
Lápide para um poeta oficial, 191
Necrológio do civil desconhecido, 192
Olímpica, 193
Canção de exílio facilitada, 194
O vagido da sociedade de consumo, 195
Seu metaléxico, 196
Apólogo com véu de alegoria, 197
Epitalâmio, 198
Ars amandi, 200
Minicantiga d'amigo, 201
Autoescola Vênus, 202
Camassutra, 203
O espaço é curvo, 204
Lição de casa sobre um tema de Apollinaire, 206
Entropia, 207
Pascal prêt-à-porter e/ou Le tombeau de Mallarmé, 208
Extemporânea, 211
Saldo, 212
Falso diálogo entre Pessoa e Caeiro, 213
Metassoneto ou o computador irritado, 214
Epitáfio para Nonê, 215
Declaração de bens, 216
Antiturística, 217
Termo de responsabilidade, 218

RESÍDUO [1980]

Lembrete cívico, 225
O libertador, 226
A evolução dos estilos, 227
Brinde no dia das mães, 228
Não cora a pena de ombrear co'o sabre, 229

Projeto de mausoléu civilista e/ou
   Foetus intellectualis brasiliensis, 230
Epitáfio para Rui, 233
Um sonho americano, 234
Lapsus linguae do candidato, 235
Les mains sales, 236
Ficção científica, 237
Lar, 238
Neopaulística, 239
Brecht revisitado, 240
A um cavalígrafo, 241
Outdoor para igreja e/ou consultório de psicanalista, 242
Epitáfio para Osman Lins, 245
Hino ao sono, 246
Praga, 247
Do Novíssimo Testamento, 249
Grafito, 250

CALENDÁRIO PERPLEXO [1983]

Brinde, 255
Dicionário de rimas, 256
Dúvida revolucionária, 259
Canção de bodas, 260
Dia do índio, 261
Monólogo do porta-voz, 262
Etimologia, 263
Sobre uma litografia de Octávio Araújo, 264
Almas brancas, 265
A verdadeira festa, 266
O terrorista consolado, 267
Recado tardio, 268
Aniversário, 269
Metamorfose dois, 270
Epitáfio, 271
Oferendas com aviso, 272

Oração do publicitário, 273
Sic transit gloria mundi, 274
A marcha das utopias, 275
Time is money, 276
Como armar um presépio, 277

A POESIA ESTÁ MORTA MAS JURO QUE NÃO FUI EU [1988]

Olho no umbigo

Acima de qualquer suspeita, 287
Ode aos diluidores, 288
Poética, 289
O último heterônimo, 290
Sucessão, 291
A um colega de ofício, 292

Livro dos provérbios

Teoria da relatividade, 297
Opção, 298
Pare olhe escute, 299
Sic, 300
Ménage à trois, 301
O silêncio é de ouro!, 302
Lamento do carregador, 303
Fêtes galantes, 304
Koan, 305
Ao pé da letra, 306
A arte de ciscar, 307
Elegia holandesa, 308
O mal menor, 309
Da mediocridade, 310
Álibi, 311
Cambronniana, 312

Geográfica pessoal

Taquaritinga, 317
Araçatuba, 318
Curitiba, 319
México, 1971, 320
Lisboa: aventuras, 322
Mosteiro dos Jerônimos, 323
Tomar: mutatis mutandis, 324
British Museum, 325
Anne Hathaway's cottage, 326
Stonehenge, 327
Paris 1975, 328
Grécia: acrópole de Atenas, 329
Monumento a Byron, 330
Cabo Sounion, 331
Ruínas de Corinto, 332
Roma: reconhecimento, 333
Pisa: a torre, 334
Veneza: com ou sem Bienal, 335
Florença: antediluviana, 336
Amsterdam by day, 337
De Amsterdam a Rotterdam, 338
Enterro concorrido, 339
Ode ao turismo, 340

Desistórias

Duas elegias bibliográficas, 345
Da infância de Robert Malthus, 347
Jeanne au bûcher, 348
Colombófobo, 349
Maio 68, 350
Epitáfio para um sociólogo, 351
Bildungsroman, 352

PROSAS seguidas de ODES MÍNIMAS [1992]

Prosas

Escolha de túmulo, 361
Canção do adolescente, 362
Noturno, 363
Canção de exílio, 364
Um retrato, 365
Outro retrato, 367
J. V., 369
Dona Zizinha, 371
Um empregado, 373
Loucos, 375
A casa, 377
Iniciação, 378
Nana para Glaura, 379
Balancete, 380
Prosa para Miramar, 381
Reencontro, 383
Balada do Belas-Artes, 384
Mundo novo, 386
Sobre o fim da história, 387
Ceia, 388

Odes mínimas

À minha perna esquerda, 391
À bengala, 397
Aos óculos, 398
À tinta de escrever, 399
Ao compromisso, 400
À garrafa, 401
À televisão, 402
Ao shopping center, 403
Ao fósforo, 404
À impropriedade, 405

Ao espelho, 406
Ao alfinete, 407
A um recém-nascido, 408

A MEU ESMO [1995]

Dísticos para tempos difíceis (1964-1984), 417
Os filisteus, 418
Éluardiana, 419
Anamnese, 420
Revisitação, 421
Folha corrida, 423
Centaura, 424
Pós-epitalâmio, 425
Orfeu, 426
Meio soneto, 427
Epitáfio provisório, 428
Écloga, 429
Metamorfoses, 430
Topologia do encontro, 431
Quo Vadis?, 433

DE ONTEM PARA HOJE [1996]

Recado prévio

Baile na aldeia, 441
Ítaca, 442
Gonzaguiana, 443
O amor exemplar, 444
Sísifo, 448
Da filisteida, 449
História antiga, 451
Antemanhã na Vila, 452
Soneto ao soneto, 453
Natureza-morta, 454

SOCRÁTICAS [2001]

Apresentação, 461

Alpha

Skepsis, 465
Os filhos de Nietzsche, 466
O piolho, de Aristóteles a Freud, 467
Apocalipse, 468
Anacronia, 469
Fenomenologia da resignação, 470
Fenomenologia da humildade, 471
Fenomenologia do dogma, 472
Aporia da vanguarda, 473
Do credo neoliberal, 474
Celebridade, 475
Lição de coisas, 476
Estratégia, 477
Descartes e o computador, 478

Beta

Borboleta, 481
Elogio da memória, 482
Gobelin, 483
Sobre uma foto de José Botelho, 484
Momento, 485
Opção, 486
Do evangelho de são Jerônimo, 487
Promissória ao bom Deus, 488
Duas refábulas, 490
    Cigarra, Formiga & Cia., 490
    Altos e baixos, 491
Salomé, 492
Perguntas, 493

Gamma

A braços com um problema, 497
Desencontros, 498
Glauco, 499
Ex-impromptu, 500
De malas prontas, 501
Prudência, 502
Still life, 503
Strip-tease, 504
Teologia, 505
Autoepitáfio nº 2, 506
Dúvida, 507

Índice de primeiros versos, 509

UM HOMEM COMO OUTRO QUALQUER: JOSÉ PAULO PAES

Rodrigo Naves

José Paulo Paes era um homem avesso a ênfases — no escrever, no falar, no proceder. Detestava chamar atenção, e seu comportamento discreto era, em um homem constante, talvez a constância predominante. Em situações sociais parecia se ocupar sobretudo com sua bengala, girando-a lentamente diante dos olhos. Chegou mesmo a homenageá-la:

Contigo me faço
pastor do rebanho
de meus próprios passos.

Gostava de conversar, gostava menos de discutir — tinha de áspero apenas os cabelos cortados à escovinha, aliás irretocáveis — e menos ainda de discursar. Pastoreava apenas os próprios passos. Valorizava o bom humor e, quando contrafeito, apenas fazia avançar rigidamente o queixo, como se o deslocamento anormal de uma parte do rosto revelasse com clareza a situação em que se encontrava.

Em 1995 a editora Atual encomendou-lhe uma pequena autobiografia que desse aos leitores mais jovens alguma ideia da trajetória de um poeta. O título do livro era a sua cara: *Quem, eu?* — *um poeta como outro qualquer*, e fazia referência a um programa de rádio dos anos 1940, no qual os humoristas Lauro Borges e Castro Barbosa comandavam um show de calouros. Em certos momentos, chamavam alguém da plateia e então se ouvia ao fundo as vozes de "quem, eu?", ansiosas por serem levadas ao palco. No seu caso, porém, a interrogação traduzia mais espanto que ansiedade. Afinal de contas, não pusera todo seu esforço em viver sem itálicos, e agora lhe vinham com a encomenda de sublinhar os momentos marcantes de sua existência?

De fato, os acontecimentos exteriores de sua vida caberiam numa página: nasceu em Taquaritinga, interior de São Paulo, em 1926, em uma família de classe média baixa, filho de pai português e mãe brasileira; desde criança revelou-se pouco fotogênico, o que o desajeito das fotos feitas na maturidade, para jornais, apenas confirmou; fez primário e ginásio no interior do estado e, em 1944, mudou-se para Curitiba, onde se formou no curso técnico do Instituto de Química do Paraná; passou a morar na cidade de São Paulo em 1949, e aí trabalhou onze anos numa indústria farmacêutica, a Squibb, e quase vinte anos na editora Cultrix, quando se aposentou e passou a dedicar-se integralmente a escrever. Tinha a saúde frágil — sobretudo em função de um grave problema circulatório — e não teria chegado aos setenta anos se não tivesse conhecido o grande amor de sua vida, Dora, bailarina admirável com quem se casou em 1952 e cujos cuidados o ajudaram a superar as armadilhas da natureza. Também no amor Zé Paulo falava baixo:

Meu amor é simples, Dora,
como a água e o pão.
Como o céu refletido
Nas pupilas de um cão.

Esses acontecimentos, à exceção de Dora, foram apenas os portos em que teve de atracar para chegar a outro destino — e que tenha chegado é coisa que fascina. Não podia afinal ter se satisfeito com uma das paradas, se acostumado com ares e gentes e ali ter construído pouso? Difícil não perder o norte quando não se sabe bem onde ele fica nem se se está preparado para ele. Na dúvida, não custava ter um abrigo provisório onde pudesse ter paz para imaginar como viveria um dia. E aos poucos construíram, ele e Dora, uma pequena casa no bairro de Santo Amaro, que com o tempo tornou-se o ancoradouro definitivo. Em pouco mais de 150 metros quadrados encontraram espaço para biblioteca, jardim, uma pequena piscina, mais a casa, em que se dispõem ainda hoje lembranças de viagens e amigos, réplicas de esculturas gregas e telas modernas, garruchas e antigas máquinas de costura adaptadas a novos usos. Parecia com a vida deles: uma grande variedade de coisas e ambientes que uma vontade não impositiva soube aos poucos aproximar e afeiçoar.

Muitos outros escritores e intelectuais brasileiros (ou estrangeiros que aqui viveram) conseguiram sobreviver à margem das instituições oficiais de ensino e pesquisa. Possivelmente tenham sido mesmo maioria até o início dos anos 1960 — até pela ausência de instituições que os abrigassem —, e a cultura do país não seria a mesma sem a contribuição de pessoas como Monteiro Lobato, Mário de Andrade, Oswald de Andrade, Gilberto Freyre, Caio Prado, Otto Maria Carpeaux, Anatol Rosenfeld, Bárbara Heliodora, Augusto de Campos, Fausto Cunha, os intelectuais (tantos!) ligados ao Itamaraty... a lista não teria fim. Sem dúvida, o fortalecimento das universidades e de outros centros de pesquisa teve um papel imprescindível para a cultura do país. Mas a influência decrescente desses grandes "amadores" também trouxe à nossa produção cultural — de par com os discutíveis ganhos do rigor universitário — algum desamor que, receio, deixou pelo caminho aspectos que fazem falta.

Um país com a produção intelectual tão profissionalizada como os Estados Unidos ainda se alimenta de um sem-número de escritores, críticos e ensaístas não universitários. Talvez não tenham mais o peso de figuras do porte de Clement Greenberg, Edmund Wilson, Susan Sontag, H. L. Mencken, James Agee, Dwight McDonald. Ainda assim, eles contrapõem ao conhecimento universitário uma perspectiva na qual a cultura mantém — talvez utopicamente — muito da sua vocação universalista e democrática.

Quando olhamos mais de perto a formação de Zé Paulo, essa capacidade de cidadãos comuns impulsionarem saberes e artes chega a ser comovente. Não me refiro apenas a seu avô tipógrafo, em cuja casa cresceu, e a esse contato íntimo entre letra e matéria, esse fascínio de dar multiplicidade aos pensamentos por meio de uma atividade artesanal e de conviver com a admirável tensão entre o chumbo das fontes tipográficas e a abstração de conceitos, ideias e metáforas. Penso também na importância que teve para ele, ainda em Taquaritinga, um ex-sargento da Força Pública, Antônio Mendonça, homem simples que se educou em meio às correntes de esquerda da época e que, em função delas, perdeu o posto, vindo a ser professor de educação física na cidade. Com ele, Zé teve acesso a Górki, ao *ABC do comunismo* de Bukharin e a outros textos marcantes da esquerda da época. Ou então, em outro nível, as sugestões fornecidas por um homem de educação mais formal, Oswaldo Elias Xedieh, que visitava parentes em Taquaritinga e abria um pouco os horizontes do nosso quase capiau.

Não creio que trace uma visão romântica da formação do Zé Paulo. Busco entender por que certas influências o conduziram, posteriormente, a priorizar determinados aspectos do trabalho de escritor: clareza, correção, preocupação com o leitor, adequação aos meios em que escrevia e um quase desprezo a qualquer ostentação de brilhantismo ou erudição. De certo modo — principalmente como crítico literário — Zé Paulo escrevia para pessoas que, como ele, se relacionavam com a cultura de maneira não profissional, e que nem por isso mantinham com a produção artística um vínculo superficial. Quando fecho os olhos e busco uma imagem forte das realizações do Zé Paulo, me vem à mente o infalível "tradução, introdução e notas de José Paulo Paes" que sempre acompanhava seus notáveis trabalhos de tradutor.

A preocupação do escritor com o público certamente tem relação com as posições políticas de José Paulo Paes. Foi nos tempos de Curitiba — quando se tornou amigo de Dalton Trevisan e de tantos outros literatos da cidade também importantes em sua formação — que ele se aproximou do Partido Comunista Brasileiro e passou a se envolver mais diretamente com as formas de organização que se opunham às práticas políticas tradicionais do país. No entanto, as concepções estreitas do PC brasileiro, tanto em relação à arte quanto à própria sociedade — sem falar da irrestrita defesa dos descaminhos da União Soviética —, logo o afastaram de seus círculos. Mas por toda a vida Zé Paulo continuou a se considerar um homem de esquerda, e a visão ácida que expressava em boa parte de seus poemas não deixa lugar a dúvidas.

Ele costumava dizer, e não era uma boutade, que traduzia porque não sabia ler em outra língua. Quem nunca experimentou esse dilema não tem uma noção forte do que seja crítica, tradução, análise ou interpretação — porque é sempre de traduções que se trata nessas atividades. Zé Paulo nunca aprendeu nenhuma língua de forma sistemática. Nenhuma. De algumas delas, como o holandês, se aproximou por meios prosaicos: aquelas coleções de discos que prometiam um acesso indolor a línguas de pouca circulação. E no entanto chegou a resultados formidáveis. Enfim, desconfio que ele queria provar que qualquer um, desde que movido por um encanto sem limite para com um objeto cultural, poderia chegar a relacionar-se com ele de forma amorosa e dignificante.

Me vem à mente um personagem de *A náusea*, de Sartre: o velho diletante que lia toda uma biblioteca por ordem alfabética. Péssimo contraexemplo. Para gente da estirpe do Zé Paulo, o respeito à cultura (e à ordem alfabética) não tinha importância. O que valia era a capacidade de estar à altura das obras que amava. O grande pintor holandês radicado nos Estados Unidos Willem de Kooning, depois de muito acusado de plagiar seu colega Arshile Gorky, saiu-se com uma resposta irretorquível: "Claro, nunca ninguém gostou tanto do Gorky quanto eu!". Para o Zé Paulo, a tradução era talvez o modo mais nobre de expressar seu fascínio por alguns autores.

Aqui vale uma nuance. Se Zé Paulo era um homem discreto, era também, literariamente falando, um grande lascivo. Que o digam suas traduções de Aretino, sua antologia de poesia erótica e tantas outras devassidões. As palavras pertenciam a outros, mas era ele que as escolhia para traduzir. Sua tradução pioneira e admirável de Kaváfis — feita ainda antes de se aposentar — dá a medida precisa de seu caráter e vocação. Poucos poetas modernos souberam aproximar, como Kaváfis, de maneira absolutamente inovadora, história e lirismo, Grécia clássica e modernidade, desejo e moral. E isso também era Zé Paulo, quase como um heterônimo. O poeta que, em "Ímenos", chega a esta tensão:

Cumpre amar inda mais e sobretudo
a volúpia malsã que só com dano se consegue
e que raro encontra o corpo capaz de a sentir como ela pede —
que, malsã e danosa, propicia
uma tensão erótica que a sanidade ignora

Esse mesmo poeta fazia o elogio de uma moral trágica, de quem precisa realizar uma tarefa justa custe o que custar, como em "Termópilas":

Honra àqueles que Termópilas fixaram
em suas vidas para as defender.
Que, jamais se furtando à obrigação,
foram justos e retos nos seus atos,
mas condoídos, também, e compassivos;
generosos, quando ricos; quando pobres,
generosos ainda com seu pouco,
socorrendo a quem pudessem; proclamando
sempre a verdade, embora sem nutrir
ódio algum por aqueles que mentissem.

E de mais honra serão merecedores
se previram (como tantos o fizeram)
que Efialte [o traidor] finalmente há de surgir,
e que os medas finalmente passarão.

Conheço pouca coisa mais parecida com o destino dos homens justos na sociedade contemporânea. E, no entanto, como Kaváfis, Zé Paulo jamais fez de sua correção moral um moralismo, consciente de que, por mais que elejamos o justo caminho, "quando chega a noite com suas promessas" passam a vigorar outros critérios. E isso também é das pessoas comuns.

Algo de seu estoicismo — porque havia essa dimensão nele — lhe foi imposto pela aterosclerose. O grave problema circulatório o fez abandonar o cigarro (com o qual ainda sonhava mais de dez anos depois de largar o vício), boa parte das bebidas alcoólicas (restou-lhe o vinho branco, bebido moderadamente), quaisquer extravagâncias alimentares, deslocamentos mais arriscados e esforços físicos.

Foi sobretudo no agravamento da doença que Dora deu-lhe uma sobrevida sem a qual seu período de alforria — os dez últimos anos de intensa produção — não teria existido. No entanto, esse item requer mais precisão. Dora não era apenas a companheira que, por conhecer profundamente o corpo humano, e por amar Zé Paulo, obrigava-o a exercícios, dietas e a manter distância dos vícios. Ela — que nos anos 1950 foi uma das bailarinas mais avançadas de São Paulo, que se iniciou na dança para vencer uma paralisia infantil, ainda dá aulas de ginástica e até hoje fuma como um turco — intuía como ninguém o projeto difuso que movia o marido e, por admirar essa intenção algo tateante, apoiava-o integralmente. Mesmo porque, nas suas atividades — muitas, tocantes e que ficam para uma próxima história —, Dora realizava um movimento semelhante ao do Zé Paulo, o do anonimato compassivo que acredita na permanência de um núcleo de justiça em meio à sociedade do lucro, e que formidavelmente se compraz com o sentimento de justiça realizada, ainda que em escala modesta. Contudo, sem ela Zé Paulo não teria alcançado a serenidade para trabalhar:

Como submeter
O desejo ao fado,
Se todo o prazer
Ri da cautela,
Ri do cuidado
Que o quer prender?
Vou despreocupado,
Dora, tão despreocupado,
Que nem sei morrer.

E então, com o agravamento da doença, esse homem discreto e ponderado teve um de seus poucos momentos de excesso, ainda que involuntário e particular. A circulação prejudicada pela doença levou à gangrena de uma das pernas. As toxinas geradas pela necrose se espalhavam pelo organismo e provocavam surtos de delírio tão fortes que ele mal sabia distingui-los da realidade. Com a amputação, Zé Paulo voltou a sua vida de sempre. Da doença ficou um poema notável, *À minha perna esquerda*:

Longe
do corpo
terás
doravante
de caminhar sozinha
até o dia do Juízo.

Não há
pressa

nem o que temer:
haveremos
de oportunamente
te alcançar.

Na pior das hipóteses
se chegares
antes de nós
diante do Juiz
coragem:
não tens culpa
(lembra-te)
de nada.

Os maus passos
quem os deu na vida
foi a arrogância
da cabeça
a afoiteza
das glândulas
a incurável cegueira
do coração.
Os tropeços
deu-os a alma
ignorante dos buracos
da estrada
das armadilhas
do mundo.

 Quase toda a produção poética de José Paulo anterior a esse livro — *Prosas seguidas de Odes mínimas* — se caracterizava por epigramas extremamente econômicos e irônicos, de certa forma semelhantes a sua inserção no mundo. A partir daí, o poeta parece ter se dado o direito de abrir a porta a um narrador mais lírico, que no entanto jamais deixou de lado a ironia dos versos anteriores, como a própria homenagem a sua perna esquerda demonstra.

Essa trajetória de vida descontínua — mas que soube conduzir a uma situação em que afinal Zé Paulo produziu de forma impressionante nos dez anos de alforria — ganharia uma versão postiça se fosse mostrada como um movimento sereno, de alguém que vislumbra, ao fim das mazelas, a paz que tanto almejara. Ao contrário (e apenas Dora testemunhou isso), foram anos de angústia, porque aqueles dez anos de fim de cativeiro podiam não chegar. Mais: se ele se satisfizera com uma formação truncada, típica dos autodidatas, o tempo perdido na indústria farmacêutica ou na edição de livros — muitos deles da maior importância, sobretudo para os estudos literários — roubava um tempo que, bem ou mal, ele sabia que poderia estar sendo empregado em sua formação.

Não há ilação mais difícil do que aquela que aproxima a biografia e a obra de um autor. Numa passagem comovente, falando de Cézanne, Merleau-Ponty diz que o melhor de um artista deve ser buscado em sua obra. É nela que as incapacidades pessoais de alguma forma se redimem, que os nossos limites fazem vislumbrar algo maior do que se conseguiu ser, e por isso as obras *precisam* ganhar a luz do dia. Neuróticos renitentes deixaram trabalhos admiráveis. Cézanne, por exemplo. São os pecadores que entendem de salvação. Não os carolas.

Realmente, com frequência — e quem não viveu essa ilusão deixou de entender a si próprio — tendemos a aproximar, até por generosidade, a grandeza de uma obra ao caráter, igualmente nobre, de seu autor. Do mesmo modo, quem não passou por essa desilusão, por essa discrepância tão corrente, deixou de experimentar uma das dissonâncias mais reveladoras da alma humana. No Zé Paulo, essa angústia conduziu a uma posição tocante: em quase tudo o que fez — à exceção talvez dos poemas — nota-se a preocupação em dialogar com aqueles que, como ele, lidam com a arte e a cultura amorosamente, embora com limites e mesmo ingenuidade. Todo seu extenso trabalho de crítico literário e tradutor tem uma preocupação formadora notável.

Não que ele, nos anos de liberdade, não ousasse: no *Folhetim*, antigo suplemento da *Folha de S.Paulo*, no qual muito colaborou nos anos 1980, chegava a sugerir, e com ideias brilhantes, temas que unificavam toda uma edição. Como quando propôs que se realizasse um número sobre Frankenstein — a princípio um tema pouco instigante, mas que na sua sugestão aparecia como o primeiro, e talvez único, mito moderno, a figura que sintetizava inauguralmente o medo do homem moderno diante da revolução tecnológica e das possíveis monstruosidades que ela poderia criar. Massa! Mas também aceitava correr riscos — ele, já um senhor respeitável —, como quando teve papel central num número falso do suplemento, no qual escreveu um artigo inesquecível sobre o artista inexistente que se tornou verdadeiro pelas demandas românticas: Ossian, o bardo gaélico. Todos os outros ensaios supostamente falavam de artistas verdadeiros que o tempo apagara, justamente por não corresponderem a expectativas contemporâneas. Foram muitos os intelectuais de prestígio que se recusaram a participar dessa molecagem. Não o Zé.

Mais para o final da vida, essa preocupação formadora se orientou para a realização de poesias infantojuvenis, sempre acompanhadas de ilustrações que eram discutidas carinhosamente com seus autores. O sucesso desses livros superou tudo o que ele tinha publicado antes. Em parte pela forte demanda por esse tipo de livro. Em parte pela alta qualidade. No que interessa, mais uma vez ficava claro que seu negócio era formar. Muitas vezes discutiu com amigos próximos sua tese de que a literatura de entretenimento era um degrau para a alta literatura. Ele acreditava nisso, ainda que nunca tenha propriamente se metido por essas veredas.

"Não dá para escrever de fraque, mas também não tem cabimento escrever de pijama" — essa frase, que repetia com alguma constância, talvez resuma bem o espírito de sua atuação como escritor. Zé Paulo acabou conquistando — por mérito de seus textos — espaço na mídia, sem nunca adular quem quer que fosse. Ao contrário, tinha um zelo profissionalíssimo com seus textos — quando lhe enviavam um recibo em que se dizia que o periódico passava a ser proprietário do trabalho, jamais assinava. Sempre batalhou para ter uma porcentagem nos textos que traduzia (ou seja, não os vendia) e tratava com aspereza quem lhe supusesse um velhinho senil necessitado de exposição na mídia.

Não tratava a universidade com desdém — alguns de seus grandes amigos estavam lá, como Alfredo Bosi e Massaud Moisés, entre outros —, chegou a dar cursos na USP e na UNICAMP, e realmente parecia não se iludir com as glórias passageiras que a presença em jornais e revistas lhe concediam. Tratava os mais jovens que o frequentavam com uma franqueza terna, procurava amenizar neles as angústias por que ele mesmo passara e não os iludia com sucessos e reconhecimentos futuros. Sua companhia era um pouco a garantia de que a simplicidade e a modéstia faziam sentido, e de que a sede de nomeada talvez fosse a pior forma de servidão. À sua maneira, afirmou um modo sui generis de trabalhar com arte e cultura, algo poucas vezes feito no país, e isso, convenhamos, anima mais que muita retórica edificante.

José Paulo Paes morreu há dez anos, e detestaria ser lembrado por um número par. Justo ele, que até nas pernas contentou-se com um número ímpar.

São Paulo, outubro de 2008

O aluno
[1947]

*Incultas produções da mocidade
Exponho a vossos olhos, oh leitores!*
                    Bocage, soneto I

*Ah, vãs memórias, onde me levais
O débil coração, que inda não posso
Domar bem este vão desejo vosso?*
                    Camões, canção XIII

CANÇÃO DO AFOGADO

Esta corda de ferro
me aperta a cabeça,
não deixa meus braços
se erguerem no ar.
E o mar me rodeia,
afoga meus olhos.

Maninha me salve
não posso chorar!

Minha mão está presa
na corda de ferro
e os dedos não tocam
a rosa que desce,
que afunda sorrindo
nas águas do mar.

Maninha me salve
não posso nadar!

Algas flutuam
por entre os cabelos,
meus lábios de sangue
palpitam na sombra
e a voz esmagada
não pode fugir.

Maninha me salve
não posso falar!

E a rosa liberta,
a inefável rosa,
vai longe, vai longe.
Um gesto é inútil,
meu grito e meu pranto
inúteis também...

Maninha me salve
que eu vou naufragar!

DRUMMONDIANA

Quando as amantes e o amigo
te transformarem num trapo,
faça um poema,
faça um poema, Joaquim!

BALADA

Folha enrugada,
poeira nos livros.
A pena se arrasta
no esforço inútil
de libertação.
Nenhuma vontade,
nem mesmo desejo
na tarde cinzenta.

A árvore seca
esperando seiva
não tem paisagem.
Na frente é o deserto
coberto de pedras.
Nem sombra de oásis.
Pobre árvore seca
na tarde cinzenta!

Se houvesse um castelo
com torres e dama
de loiros cabelos,
talvez eu fizesse
algum madrigal.
Mas a dama morreu,
os castelos se foram
na tarde cinzenta!

O caminho se alonga
por entre montanhas,
por campos e vales.
Talvez me conduza
ao roteiro perdido
no fundo do mar.
Mas estou tão cansado
na tarde cinzenta!

Não sou lobo da estepe;
amo a todos os homens
e suporto as mulheres.
Contudo não posso
falar com os lábios,
amar com o sexo,
porque sinto a tortura
da tarde cinzenta!

Só me restam os livros.
Vou ficar com eles
esperando que chegue
do fundo da noite,
das sombras do tempo,
oh! imenso mar,
vem me libertar
da tarde cinzenta!

O HOMEM NO QUARTO

Teu protesto inútil,
tuas flores murchas,
teu violino fácil,
tua vontade escassa,

São frutos humildes,
são folhas perdidas
que um sapato esmaga
nascendo da sombra.

Caminhas sem rumo
por todas as ruas,
não rasgas um livro
nem matas o amigo.

Cumprimentas mesmo
com a garganta seca,
gestos tão longe
que ninguém esboça.

Meu coitado amigo...
prende a tua mão
antes que ela entorne
a copa de sangue.

Teus irmãos constroem
no ar atmosférico

com pedras e luzes
um berço pouco a pouco.

Não podes manchá-los
de sangue hesitante
nem deves turbar
o ritmo da aurora.

Acende o cachimbo,
eis uma poltrona.
Começa a vigília
sem impaciência,

Até que outros braços,
redentoras asas,
venham colocar
um lírio muito branco

na página e no verso
do teu melhor poeta...

POEMA DESCONTÍNUO

I

A mão descobre
volumes incompletos.
No vidro encerrada
a violeta não tem
perfume.
Ai, carne e sentimento
se acreditais
em fútil guarda-chuva
para o vosso medo!

Há uma goteira
sobre minha poltrona.

II

Teu vestido branco,
bailando na chuva,
era suave pluma
para os meus sentidos.

Mas a lei e o trilho
levaram a dança
e um cigarro triste
me brotou dos dedos.

Agora sem crença,
procuro no ar,
no jardim inútil,
qualquer borboleta
que da chuva esconda
suas asas...

III

O limite do corpo. Depois,
o limite dos outros.
A porta disfarça
órbitas vazias
e rosas que nascem
de gravatas rotas.
O copo na mesa,
o álcool no corpo,
adolescentes ouvem
a angústia do *blues*.
Lá fora, entretanto,
mórbidos despojos
lembram vagamente
um tempo guerreiro.
Mas o adolescente
está tomando gim...
Somente o lixeiro
na fria madrugada
sem espanto colhe
com seu instrumento,
as rosas e a música
que boiam no vômito
dos adolescentes.

IV

Quem bate na porta?
Corvo de verdade,
quinta sinfonia
ou apenas vento?

O ENGENHEIRO

O homem trabalha
entre a rosa e o trânsito.
Ondas contínuas no seu dorso
de pedra e nuvem.
Martelos.
No papel intacto há linhas,
fundamentos de aurora, estrutura
de um mundo pressentido, linhas.

As rosas se dividem
por canteiros iguais
e um pássaro
pousou no arranha-céu.

Quando o engenheiro terminar
o sentimento e a planta,
mãos frescas como folhas
virão sobre o meu corpo.

O POETA E SEU MESTRE

Tiro da sua cartola
repleta de astros,
mil sobrenaturais
paisagens de infância.

Sua bengalinha
queima os ditadores,
destrói as muralhas
libertando os anjos.

Calço seu sapato
e eis que percorro
a branca anatomia
de pássaros e flores.

Repito seus gestos
de amor e renúncia,
de música ou luta,
de solidariedade.

Carlitos!

Teu bigode é a ponte
que nos liga ao sonho
e ao jardim tão perto.

MURILIANA

Corto a cidade, as máquinas e o sonho
Do jornaleiro preso no crepúsculo.
Guardo as amadas no bolso do casaco.
Almoço bem pertinho do arco-íris,
Planto violetas na face do operário.
Conversando com anjos e demônios,
É o meu anúncio quem dirige as nuvens.

O ALUNO

São meus todos os versos já cantados:
A flor, a rua, as músicas da infância,
O líquido momento e os azulados
Horizontes perdidos na distância.

Intacto me revejo nos mil lados
De um só poema. Nas lâminas da estância,
Circulam as memórias e a substância
De palavras, de gestos isolados.

São meus também, os líricos sapatos
De Rimbaud, e no fundo dos meus atos
Canta a doçura triste de Bandeira.

Drummond me empresta sempre o seu bigode,
Com Neruda, meu pobre verso explode
E as borboletas dançam na algibeira.

Cúmplices
[1951]

*Para a Dora, no seu 19º aniversário,
este testemunho de muito amor*
S. P., 10-II-1951

Para a Dora, ontem como sempre

Love is not a goal; it is only a travelling.
D. H. Lawrence, *Essay on love*

SONETO QUIXOTESCO

Uma espada qualquer, de qualquer aço,
Um cavalo de flanco palpitante,
Fortuna incerta, divagar constante,
Sereno o rosto, sempre altivo o braço.

No coração, em mui secreto espaço,
A figura de Dora, tão distante,
Mas tão perto, contudo, e tão reinante,
Que a ela se dedique o menor passo.

Desfeito o agravo, conjurado o mal,
Novo caminho, que neste exercício
Nenhum descanso cabe. E que afinal,

Por luta valerosa ou alto feito,
Eu ganhe reino e Dora, mas no peito
Morem saudades do passado ofício.

MADRIGAL

Meu amor é simples, Dora,
Como a água e o pão.

Como o céu refletido
Nas pupilas de um cão.

CANÇÃO SENSATA

Dora, que importa
O juiz que escreve
Exemplos na areia,
Se livres seguimos
O rastro dos faunos,
A voz das sereias?

Dora, que importa
A herança do avô
Sob a pedra, nua,
Se do ar colhemos
Moedas de sol,
Guirlandas de lua?

Dora, que importa
Esse frágil muro
Que defende os cautos,
Se além do pequeno
Há horizontes loucos,
De que somos arautos?

De maior beleza
É, pois, nada prever
E à fina incerteza
De amor ou viagem
Abrir nossa porta.
Dora, isso importa.

PEQUENO RETRATO

Nunca vislumbrei
No momento exíguo,
No dia contigo,
O dia contíguo.

Sempre desprezei
A estrela sinistra,
O falso zodíaco,
A esfera de cristal
E o terceiro aviso
Do galo matinal.

Como submeter
O desejo ao fado,
Se todo prazer
Ri da cautela,
Ri do cuidado,
Que o quer prender?

Vou despreocupado,
Dora, tão despreocupado,
Que nem sei morrer.

CARTA DE GUIA

I

Nossa vida
Construímos
A cada passo,
A cada minuto,
A cada esquina,
De mãos unidas.

II

Sempre teu rosto e o crepúsculo.
Em teus olhos a viagem das nuvens
É um estranho presságio
Que evito decifrar.

III

Caminhemos
Sem perguntas
Como os suicidas
Que jamais indagam
A profundidade do abismo.

IV

Sob a chuva de verão,
Contra as colunas da lei,
Sobre o corpo do soldado,
Com o estandarte rasgado
De qualquer revolução.

V

Vivemos, Dora, na certeza
De sermos amanhã
O que ontem não fomos.

POEMA CIRCENSE

Atirei meu coração às areias do circo como se atira ao mar uma âncora aflita. Ninguém bateu palmas. O trapezista sorriu, o leão farejou-me desdenhosamente, o palhaço zombou de minha sombra fatídica.

Só a pequena bailarina compreendeu. Em suas mãos de opala, meu coração refletia as nuvens de outono, os jogos de infância, as vozes populares.

Depois de muitas quedas, aprendi. Sei agora vestir, com razoável destreza, os risos da hiena, a frágil polidez dos elefantes, a elegância marinha dos corcéis.

Todavia, quando as luzes se apagam, readquiro antigos poderes e voo. Voo para um mundo sem espelhos falsos, onde o sol devolve a cada coisa a sombra natural e onde não há aplausos, porque tudo é justo, porque tudo é bom.

ODE PACÍFICA

Levei comigo um punhal,
Com mãos firmes, cautelosas,
Como se leva um segredo,
Como se leva uma rosa.

Assim armado, enfrentei
As emboscadas e os crimes.
Nos corredores do ódio,
Combati, gritei, perdi-me.

O punhal me dominava,
Fascinava-me a revolta.
(Vivemos presos à chave
Que em sigilo nos solta.)

Mas um dia uma verdade,
Que nega todo punhal,
Pôs brisas na minha face,
Furtou-me às vozes do mal.

Agora, Dora, a teu lado,
Estou sempre a recompor
Essa verdade tão simples,
De que me torno senhor.

Simples verdade de amor.

CÚMPLICES

Quebrei minhas algemas contra o espelho
E a teus olhos tracei-me nova imagem,
Sem cólera, sem armas, sem viagem.

Agora sou apenas teu reflexo,
Um fantasma sem brilho e sem escadas.
O que fui pouco importa. É quase nada.

Desprezei os ardis, a ironia,
As mentiras de bronze, as vozes fátuas,
O fascínio enganoso das estátuas.

Ergo-me pobre e nu contra o horizonte.
Nenhum crepúsculo turva minha fronte.
Sob um cipreste enterrei os meus defuntos.

Atrás de mim ficou o espelho fútil.
Além de mim descubro céus inúteis.
Mas que importa o caminho? Estamos juntos.

EPIGRAMA

Entre sonho e lucidez, as incertezas.
Entre delírio e dever, as tempestades.
Ai, para sempre serei teu prisioneiro,
Neste patíbulo amargo de saudades...

Novas cartas chilenas
[1954]

Dois são os meios por que nos instruímos: um quando vemos ações gloriosas, que nos despertam o desejo de imitação; outro, quando vemos ações indignas, que nos excitam o seu aborrecimento.

Critilo, *Cartas chilenas*, Prólogo

ODE PRÉVIA

História, pastora
Dos alfarrábios.
Meretriz do rei,
Matrona do sábio.

Lépida menina,
Múmia astuciosa,
Miasma de esgoto,
Perfume de rosa.

Banco de escola,
Enfado, surpresa,
Álcool juvenil,
Pão de madureza.

Mármore abstrato
Que o vento, lento, rói.
Calafrio de covarde,
Façanha de herói.

Musa, confusa
Bola de cristal.
Arena de luta
Entre o bem e o mal.

Cálcio de esqueleto,
Pó de livraria,

Bronze mentiroso,
Rima de poesia.

Histriã do rico,
Madrasta do pobre,
Copo de vinagre,
Moeda de cobre.

Estrela da manhã,
Mapa ainda obscuro.
História, mãe e esposa
De todo o futuro.

OS NAVEGANTES

Tenham sanhas, querelas, tempestades,
Os mares nunca dantes navegados.
No rude mais se alimpa e mais se apura
A estirpe dos barões assinalados.

Cante o vento na rede das enxárcias.
Afane-se o marujo na partida.
Impe o velame inquieto, corte a proa
O infinito das águas repetidas.

Ande a estrela cativa do astrolábio.
Mostre a bússola válido caminho.
Nas cartas se escriture todo achado
E fama nos virá em tempo asinho.

Achar é nossa lida mais constante
E lucro nosso empenho mais vezeiro:
Hemos a gula vil do mercador
Num coração febril de marinheiros.

Pene o mouro na gleba, que buscamos
Não colheitas de terra, mas navais.
No comércio marítimo fundamos
Opulência, destino, capitais.

Almejamos Cipangos misteriosas,
Fabulosas Catais, Índias lendárias.

As latitudes são-nos desafio,
Sendo as ondas do mar nossa alimária.

Diga o zarolho, pois, da grã porfia
Da lusitana grei contra o oceano,
Recorde embora o Velho do Restelo
Da fama e da ambição o ledo engano.

Um dia, nos brasis de boa aguada,
Havemos nosso ocaso de encontrar
E, algemado à Conquista, há de morrer
Aquele Império que nasceu do mar.

A CARTA

As galas da terra
Vo-las contarei,
Se a tanto engenho
Ou arte me ajudarem,
Senhor meu El-Rei.

Por este mar de longo
Navegamos: lei
É a nossa de servi-lo,
Sem pouso nem repouso,
Senhor meu El-Rei.

Depois da Grã-Canária
E Cabo Verde, olhei
As águas, demandando
Algum sinal de terra,
Senhor meu El-Rei.

Botelho flutuando
E rabos-de-asno achei.
No mastro um furabucho
Fagueiro se assentou,
Senhor meu El-Rei.

Na quarta-feira, alfim,
Vista de terras hei:
Arvoredos, montanha, praia chã.

As âncoras surgimos,
Senhor meu El-Rei.

E logo nos topamos
Com u'a estranha grei:
Pardos, todos nus, sem coisa alguma
Cobrindo-lhes o pelo,
Senhor meu El-Rei.

Não houve fala deles,
Senão comércio: dei
Barrete e carapuça; mas ganhei
Penas de papagaio,
Senhor meu El-Rei.

A língua se me abrase.
Das donas falarei.
Ai vergonhas tão altas e cerradas,
Tão limpas, tão tosadas,
Senhor meu El-Rei!

Roubando-me a folguedos,
Na missa me ajoelhei,
Que altar bem corregido
Sob esperável armou-se,
Senhor meu El-Rei.

Chantada a cruz de Cristo
No chão, logo atentei
À gente destas partes
Saudar-vos a divisa,
Senhor meu El-Rei.

Tanta inocência prova
O que me afigurei:
Que qualquer cunho neles
Se há de imprimir, querendo
O Senhor meu El-Rei.

De ouro, ferro e prata
Nada vos contarei,
Mas terra em tal maneira
Graciosa, é de valia
Ao Senhor meu El-Rei.

Com que nela, em se plantando,
Tudo dá, concluirei,
E mais me não alongo
Senão para beijar-vos
As mãos, Senhor meu Rei.

A MÃO DE OBRA

São bons de porte e finos de feição
E logo sabem o que se lhes ensina,
Mas têm o grave defeito de ser livres.

A PARTILHA

Por esta carta régia seja a terra
Doada a quem, de largos cabedais
E mor prosápia, a cuide e frutifique,
Ressalvados os dízimos reais.

Daremos posse inteira, de bom grado,
A fidalgo de estirpe, lavrador,
Cabeça de casal com gado e escravos,
Afilhados, soldados de valor.

E forre-se a Coroa de gastar
Seus cruzados no reino ultramarino,
Que vivemos tranquilos na opulência
Tão grata aos soberanos de alto tino.

Lide o colono, pois, afazendado.
Plante milho, feijão, trigo, mandioca.
Bateie ouro no rio, corte madeira,
Índias peje no mato e na maloca.

Erga o senhor de engenho casa forte,
Tenha gibões e lanças e arcabuz,
Traga as gentes rebeldes no respeito
À verdade do Rei como da Cruz.

Cative-se o gentio em guerra justa
Para as lidas de roça e de moenda,

Que o sangue do cativo faz o açúcar
Mais saboroso e mor a nossa renda.

Haja feitor e padres e chicotes
E se converta o rude mameluco
De maneira cristã, mas carecendo,
Corda da forca e carga de trabuco.

À peça forra, azêmola barata,
Se dê trapo cingido nos labores
E uma espiga de milho por ração,
Se grata se mostrar a seus senhores.

Que os homens bons assumam o governo
Em Câmara ou engenho e, sem agravo
Ao Erário, trafiquem, enjeitando
Besta, se manca, ou, por doente, escravo.

Dite a nobreza leis aos sem fortuna,
Sigam-nas eles sempre, respeitosos,
Que a nobreza é do Rei e o Rei é nome
Terrestre de Deus Todo-Poderoso.

L'AFFAIRE SARDINHA

O bispo ensinou ao bugre
Que pão não é pão, mas Deus
Presente em eucaristia.

E como um dia faltasse
Pão ao bugre, ele comeu
O bispo, eucaristicamente.

A CRISTANDADE

Padre açúcar,
Que estais no céu
Da monocultura,
Santificado
Seja o nosso lucro,
Venha a nós o vosso reino
De lúbricas mulatas
E lídimas patacas,
Seja feita
A vossa vontade,
Assim na casa-grande
Como na senzala.

O ouro nosso
De cada dia
Nos dai hoje
E perdoai nossas dívidas
Assim como perdoamos
O escravo faltoso
Depois de puni-lo.
Não nos deixeis cair em tentação
De liberalismo,
Mas livrai-nos de todo
Remorso, amém.

OS NATIVISTAS

Embora seja o país
Privança de um rei distante,
Que dorme em cama de plumas,
Sob o leque adulador
De cortesãos, confiado
No ouro de nosso suor.

Embora Villegaignon,
Bom cavaleiro de Malta,
Corte a golilha, revogue
A lei da canga servil
E mostre à ovelha espantada
A estreiteza do redil.

Embora Nassau ensine
O curiboca a ser gente
E mude a sua tapera
Em palácio e faça o boi
Voar, convertendo em pássaro
Quem bicho rasteiro foi.

Embora careça pólvora,
Esquadra, falcões, mosquetes,
E andemos sempre descalços,
De arcabuz enferrujado,
Na guerrilha sem quartel
Contra inimigo equipado.

Embora em paga do sangue
Derramado se nos deem
Três magros vinténs, que mal
Suprem a fome de quem,
Longo tempo jejuado,
As tripas falantes tem.

Embora, vencido o intruso,
Ao cabo de grã peleja,
Pena sem fim, heroísmo
Sem nome, a terra de novo
Volte ao antigo senhor,
Ficando logrado o povo.

Embora assim, combatemos
(Ararigboia, Negreiros,
Caramuru) contra a insídia
De flamengo ou de francês.
Neste combate aprendemos.
Esperai, meu rei distante:
Há de chegar vossa vez.

O TESTAMENTO

A Deus Nosso Senhor encomendados,
Hemos por bem e temos por achado,
Conforme se declara e se escritura
Neste inventário que, em judicatura,
Lançado foi por hábil escrevente,
De legar a remoto descendente,
Timorato burguês de alma plebeia
Onde se apaga a estrela de epopeias
Que acendemos em tempos mais viris,
Nossos bens de fortuna e de raiz,
Arrancados à selva mais danosa,
À lavra mais esquiva ou dadivosa
Topadas neste longo caminhar
pelo sertão, nosso remédio e lar,
Alcova do gentio, cujo resgate
Foi da nossa aventura alvo e remate,
Inda que nos roessem mil quimeras,
Dorados, Potosis, Manoas veras;
Acostados ao catre, último porto,
Nada buscamos ora, mas conforto
Em descantar malfeitos e benfeitos
A quem possam trazer maior proveito
Que a nós, já desta vida despedidos,
Sob o peso da culpa e arrependidos
De aguardente queimar numa escudela,
De um filho justiçar que se rebela
Contra o paterno sonho de esmeraldas,

Embora seja a culpa logo salda
Com missas de responso e bom ofício
Em riba do cadáver, tendo início
Então o testamento, como segue:
Que nosso escudo d'armas se delegue
À descendência, em gozo soberano,
Por quatrocentos ou mais longos anos,
Segundo lhe faculte a economia
De haver ou não estado e moradia
Em casa solarenga de bons arcos,
Não sendo seus haveres muito parcos;
Item, que nosso leito e sobrecéu
Lhe assista o repousar, como o escarcéu
De amorosa peleja com mancebas
Do mais alto lavor que se conceba;
Item, que no baú tradicional
Resguarde sua toga doutoral,
Veste pacata, mas de tanta vista
Quanto a rude roupeta sertanista;
Alfim, sob o da morte agro comando,
Terminamos a dada, perdoando
A nossos netos o serem bacharéis
E ao bandeirismo se mostrar revéis,
Pois que no latifúndio e na finança
Também se alcança, ao cabo, essa abastança
Que apaga o crime e propicia a glória
Do bronze, onde dormimos, pais da História.

PALMARES

I

No alto da serra,
A palmeira ao vento.
Palmeira, mastro
De bandeira, cruz
De madeira, pálio
De fúnebre liteira,
Que negro suado,
Crucificado,
Traído, morto,
Velas ainda?
Não sei, não sabes,
Não sabem. Os ratos
Roem seu livro,
Comem seu queijo
E calam-se, que o tempo
Apaga a mancha
De sangue no tapete
E perdoa o gato
Punitivo. Os ratos
Não clamam, os ratos
Não acusam, os ratos
Escondem
O crime de Palmares.

II

Negra cidade
Da liberdade
Forjada na sombra
Da senzala, no medo
Da floresta, no sal
Do tronco, no verde
Cáustico da cana, nas rodas
Da moenda.
Negra cidade
Sonhada no banzo,
Dançada no bumba,
Rezada na macumba.
Negra cidade
Da felicidade,
Onde a chaga se cura,
O grilhão se parte,
O pão se reparte
E o reino de Ogum,
Xangô, Olorum,
Instala-se na terra
E o negro sem dono,
O negro sem feitor,
Semeia seu milho,
Espreme sua cana,
Ensina seu filho
A olhar para o céu
Sem ódio ou temor.
Negra cidade
Dos negros, obstinada
Em sua força de tigre,

Em seu orgulho de puma,
Em sua paz de ovelha.
Negra cidade
Dos negros, castigada
Sobre a pedra rude
E elementar e amarga.
Negra cidade
Do velho enforcado,
Da virgem violada,
Do infante queimado,
De Zumbi traído.
Negra cidade
Dos túmulos, Palmares.

III

Domingos Jorge, velho
Chacal, a barba
Sinistramente grave
E o sangue
Curtindo-lhe o couro
Da alma mercenária.
Domingos Jorge, velho
Verdugo, qual
A tua paga?
Um punhado de ouro?
Um reino de vento?
Um brasão de horror?
Um brasão: abutre
Em campo negro,
Palmeira decepada,

Por timbre, negro esquife
Domingos Jorge Velho,
Teu nome guardou-o
A memória dos justos.
Um dia, em Palmares,
No mesmo chão do crime,
Terás teu mausoléu:
Lápide enterrada
Na areia e, sobre ela,
A urina dos cães,
O vômito dos corvos
E o desprezo eterno.

OS INCONFIDENTES

I

Vila Rica, Vila Rica,
Cofre de muita riqueza:
Ouro de lei no cascalho,
Diamantes à flor do chão.
Num golpe só da bateia,
Nosso bem ou perdição.

Vila Rica, Vila Rica,
Ninho de muito vampiro:
O padre com pés de altar,
O bispo com sua espórtula,
O ouvidor com seu despacho
E o povo feito capacho.

Vila Rica, Vila Rica,
Teatro de muito som:
Cláudio no seu clavicórdio,
Alvarenga em sua flauta,
Gonzaga na sua lira.
Vozes doces, mesa lauta.

Vila Rica, Vila Rica,
Masmorra de muita porta:
Para negro fugitivo,
Para soldado rebelde,

Para poeta e poemas,
Nunca faltaram algemas.

Vila Rica, Vila Rica,
Forja de muito covarde:
Só o corpo mutilado
De um bravo e simples alferes
Te salva e te justifica
Vila Rica vil e rica.

II

Na tranquila varanda de Gonzaga,
Sob os livros de Cláudio Manuel,
Solenes se reúnem, proclamando
A revolta do sonho e do papel.

Entre o gamão e o chá fazem as leis
Da perfeita república. No sono
Dos sobrados mineiros, verbalmente,
Resgatam pátrias, justiciam tronos.

Guardam as armas sob o travesseiro.
Vestem capas do roxo mais poético.
Convertem curas, mascates, sapateiros.
São generosos, líricos, patéticos.

Desconhecem apenas, da revolta,
Seu preço em fel e sangue e cães ferozes,
E vão correndo sempre, sonhadores,
Pelo mapa sinistro dos algozes.

III

Como bom católico
E súdito fiel
Da Coroa, roa
Meu coração o corvo
Mais negro, se confesso
Por ávaro ou torvo.

Move-me apenas
O intento servil
(Não cuido ser vil)
De apontar à Justiça,
Que vendada sei,
A conjurada grei.

São poucos, mas loucos.
Pregam liberdade
Em plena praça ao povo,
Que dela se embriaga
Como se provara
Algum vinho novo.

Reúnem-se, furtivos,
Sob o manto das trevas
E, na causa que enleva,
Esquecem todo risco,
Tramando contra as leis
De Deus e do Fisco.

Alguns são de estirpe,
Outros de sarjeta.

Um deles, alferes
De ralo pecúlio,
Pouca roupa, magarefe,
Arvora-se em chefe.

São inimigos dentro
Dos muros da cidade.
São ratos que mordem
As colunas da Ordem
Que vossa mão clemente
Impôs sobre as gentes.

Atentai, pois, Senhor,
Ao exposto. Gosto
É meu o de servir
A Igreja e Rainha,
Soberanas ambas
Desta vida minha.

Inteiro me confio
Ao vosso alvedrio,
Que pronto saberá
O prêmio devido
A quem, fiel embora,
Se acha desvalido.

Que o Céu vos recompense
Qualquer munificência
E, por tanta excelência,
De muito vos dote
Meu santo principal,
São Judas Iscariote.

IV

Saiba todo que ler este Proclama,
Embora poucos leiam na Província,
Sendo empenho do Reino conservar
Em santa ignorância seus vassalos,
Que Maria I, dita louca,
Como se não bastara a muita argúcia
Dos ministros, suprindo o desconcerto
Dos miolos reais, houve por bem
Esmagar a conjura que envenena
O generoso povo desta Vila,
Fazendo-o sonegar o justo quinto
Senhorial de cem arrobas de ouro,
Devidas à Coroa, em cuja Corte,
Terminada a pilhagem sobre as Índias,
Rareia arminho & vinho, triste fato
Que tocará decerto o coração
Dos súditos fiéis e, ao mesmo tempo,
Valendo-se do ensejo, oferecer
Aos maus exemplo e aos bons bom espetáculo
De circo, porque o pão sempre se adia,
Ordena assim a todos assistirem
Ao mais raro massacre deste século.

V

O abutre, pousado
No ombro do carrasco,
Vigia a balança.

Neste prato, o chumbo
Do poder. Naquele,
A pluma da justiça.

Uma gota de sangue
Trêmula escorre
No fiel, sem pressa.

Os juízes dormem.
Os condenados rezam.
O carrasco espera.

Um hiato e o prato,
Sob o chumbo, cai
Vencido. A lei foi feita.

A lei: sete tábuas
De esquife, sete velas
De cera, sete corvos.

VI

Enquadrado na escolta, ele caminha.
Rufam tambores fúnebres ao passo
Da lenta procissão, range a carreta.
A litania evola-se no espaço.

Na praça do martírio ergue-se a forca
E uma escada infinita espera o réu:
Vinte degraus de horror, vinte degraus
De crime sob o azul neutro do céu.

O condenado sobe, sem palavra,
Ao patíbulo. Cala-se o tambor.
A litania emudece. O povo espera.
Movem-se os lábios frios do confessor.

Um minuto de séculos e o corpo
Tomba no vácuo, fruto decepado.
O calvário cumpriu-se. A luz se apaga
Nas pupilas imensas do enforcado.

VII

Morreu a rainha louca,
Morreu o juiz de alçada,
De podre ruiu a forca,
Abriu-se a porta fechada.

Morreu meirinho e verdugo,
Morreu Silvério maldito,
O rato roeu os autos,
O arauto calou seu grito.

Morreu o bispo mitrado,
Morreu, surdo, o confessor,
Gastou-se a vela de cera,
O santo caiu do andor.

Deu ferrugem nos grilhões,
O proclama criou mofo,
O brasão caiu no chão,
A traça roeu o estofo.

Cansou a mão do feitor,
Secou o sangue do escravo,
Tudo se foi sob a pá
Do tempo, coveiro cavo.

Na cova dos tempos jaz,
Monturo de cinza e cal,
Remorso, diamante, fezes,
O mundo colonial.

Mas reparai, cavalheiros
Da Igreja como do Estado,
Que um herói ficou de fora,
Embora fosse enterrado.

Tiradentes se recusa
Ao vosso fácil museu,
Panteon de compromissos,
Olimpo de camafeus.

Prefere a praça plebeia
Ao pó das bibliotecas
Onde, a soldo, vosso escriba
Faz da verdade peteca.

Esconjurai-o, Norbertos.
Renegai-o, Capistranos.
Tudo inútil, cavalheiros.
O mito é o berço do humano.

CALENDÁRIO

1684

Por trinta dinheiros,
O mascate compra
A mitra do bispo,
O cetro do rei,
A balança da lei.
Só não compra (abusão)
A cumplicidade
De Bequimão.

1720

Pobre despojo
Atado aos cavalos
Do despotismo.
Pobre heroísmo
Punido com sangue
Sobre o patíbulo
Amargo de prantos,
Felipe dos Santos.

1798

Vosso cuidado media,
Vossa tesoura cortava,
Vossa agulha costurava,
Não a libré do tirano,
Mas a mortalha de pano
Para enterrar o verdugo
Que tanto vos oprimia,
Alfaiates da Bahia.

1817

Cruz de jesuíta,
Batina de frade,
Bíblia, escapulário.
Mas (raro litígio)
Um barrete frígio,
Vermelho, escarninho,
Cobrindo a tonsura
De Frei Miguelinho.

1839

Garibaldi
Foi à missa
Convidado,
Mas debalde.
Não há santo,
Nem vigário
Que converta
Um carbonário.

1848

A areia do tempo
Nada guarda. O vento
Logo apaga o equívoco
De oprimidos e opressores.
Mas, Conciliadores,
Lembrai-vos que os vivos
Não enterram mortos
Como Pedro Ivo.

A FUGA

Tendo a espada renegada
De Napoleão, sem medir
O desmedido da afronta,
Picado nossos fundilhos,
Houvemos por bem partir.

Houvemos e nos partimos,
Erário, Corte e monarca,
Deixando o povo no cais.
Não há lugar para o povo
Nas galeotas reais.

Fizemos longa viagem
Sobre mar tempestuoso,
Topando muitos escolhos.
As damas da comitiva
Sofreram muitos piolhos.

Arribamos finalmente
A porto certo e destino,
As gentes se jubilando
Desta Colônia, em que temos
Firme assento e inteiro mando.

Houve folgança nas ruas,
Minueto no palácio,
Salvas, missas, bandeirolas.

Com rara munificência
Distribuíram-se esmolas.

Sendo nossa volta ao Reino
Coisa do arbítrio divino,
Houvemos então por bem
Fundar aqui paço digno
De tão subido inquilino.

Abrimos os portos à
Mercancia universal,
Que a ceifa de impostos cobre
E paga o luxo devido
Ao nosso fausto de nobres.

(Posto que muitos barões
E inumeráveis viscondes
Devorem todo o orçamento
Haveis de convir que são
Fonte de extremo ornamento!)

Por esses ralos cruzados
Que vos custamos, ganhais
Benefícios de tal monta,
Que fora empresa afanosa
Deles prestar boa conta.

Ganhais bancos, onde a renda,
Biblicamente avisada,
Se cresce e se multiplica.
E liceus de sapiência
Onde a mente frutifica.

E mais: doutores, legistas
E mestres de muito ofício.
E o áureo clarim da imprensa,
Cujo som, de forte e grave
Não há mordaça que trave.

A estrela da liberdade
Ao cabo tendes na mão.
Lembrai-vos, pois, deste rei
Gordo, pávido, risonho,
Que fugiu de Napoleão.

O GRITO

Um tranquilo riacho suburbano,
Uma choupana embaixo de um coqueiro,
Uma junta de bois e um carreteiro:
Eis o pano de fundo e, contra o pano,

Figurantes — cavalos, cavaleiros,
Ressaltando o motivo soberano,
A quem foi reservado o meio plano
Onde avulta, solene e sobranceiro.

Complete-se a pintura mentalmente
Com o grito famoso, postergando
Qualquer simbologia irreverente.

Nem se indague do artista, casto obreiro
Fiel ao mecenato e ao seu comando,
Quem o povo, se os bois, se o carreteiro.

O PRIMEIRO IMPÉRIO

O couro do relho,
O peso da canga,
O sal da salmoura,
A ponta do cravo?
Do escravo.

O pé de café,
O carro de cana,
Os jogos de amor,
O leme da barca?
Do oligarca.

O punho de renda,
Os dons da marquesa,
O sol da medalha,
O lundu do cantor?
Do Imperador.

O pó do proscênio,
As rédeas do Estado,
Os ratos do imposto,
As contas do palácio?
Do Bonifácio.

O SEGUNDO IMPÉRIO

Sejamos filosóficos, frugais,
Eruditos, ordeiros, recatados,
Um casebre, se digno, vale mais
Que palácio de alfaias atestado.

Sejamos sobretudo liberais
E, ao figurino inglês afeiçoados,
Tolerantes, medíocres, legais,
Por jeito d'alma e por razões de Estado.

Sejamos, na cozinha, escravocratas,
Mas abolicionistas de salão:
A dubiedade é-nos virtude grata.

Com ela se garante bom quinhão
Dessa imortalidade compulsória
Que é justiça de Deus na voz da História.

A REDENÇÃO

Considerando
A magnanimidade
Que, por dever de ofício,
Deve dar mostra de
A casa reinante.

Considerando
Da real janela
O clamor popular,
Que manda a prudência
Sempre respeitar.

Considerando
Com antecipação
As muitas vantagens
Da mais-valia sobre
O trabalho sem pão.

Decidimos, com pena
De ouro, chancelar
Carta de alforria
Ampla e universal
A toda a escravaria.

Dado em Palácio
Aos treze dias
Do mês de maio
Do ano de mil e oito-
Centos e oitenta e oito.

CEM ANOS DEPOIS

Vamos passear na floresta
Enquanto D. Pedro não vem.
D. Pedro é um rei filósofo
Que não faz mal a ninguém.

Vamos sair a cavalo,
Pacíficos, desarmados:
A ordem acima de tudo,
Como convém a um soldado.

Vamos fazer a República,
Sem barulho, sem litígio,
Sem nenhuma guilhotina,
Sem qualquer barrete frígio.

Vamos, com farda de gala,
Proclamar os tempos novos,
Mas cautelosos, furtivos,
Para não acordar o povo.

OS TENENTES

I

Aprendemos palavras generosas:
Justiça, Liberdade, Patriotismo,
E lutamos por elas, como luta
O sonâmbulo à beira de um abismo.

Investimos quimeras, pelejamos
Com moinhos de vento, cavaleiros
Sem rei nem dama, sem bandeira ou grêmio,
Valentes, denodados, justiceiros.

Mas o tempo venceu-nos, corroendo
O fio da espada e o ânimo da andança,
E, partilhando o vinho do inimigo,
Brindamos finalmente Sancho Pança.

II

Passa, passa, passará
Derradeiro ficará

Eram tantos! Um morreu
Lutando: foi mais feliz.
Outro virou burocrata,

Para glória do país.
Outro, raposa matreira,
Desfruta bens de raiz.

Passa, passa, passará
Derradeiro ficará.

Eram tantos! Um traiu.
Foi, sabeis, condecorado.
Outro, vendendo-se aos lobos,
Redimiu-se do passado.
Outros perderam-se, anônimos,
Pelo tempo devorados.

Passa, passa, passará.
Derradeiro ficará.

Eram tantos! Um apenas
Ficou (resgate de todos)
Íntegro, lúcido, humano.
Sozinho vale por todos.
Saudai-o, pois, sob o sol
Que prestes será de todos.

POR QUE ME UFANO

A caravela sem vela, testemunho
De antigos navegantes, ora entregues
Ao comércio de secos e molhados.

O cadáver do bugre, embalsamado
Em trecho d'ópera e tropo de retórica,
Amainado o interesse antropológico.

O escravo das senzalas na favela
Batucante, pitoresca, sonorosa,
A musa castroalvina estando morta.

Os mamelucos malucos alistados
Na milícia das fardas amarelas,
Para exemplo dos frágeis Fabianos.

As sotainas jesuítas no cabide,
Cativado o gentio e pleno o cofre
Encourado da santa companhia.

As monjas de Gregório, tão faceiras,
Compelidas ao mister destemeroso
De lecionar burguesas donzelonas.

Ouvidores-gerais, enfarpelados
Outrora nas marlotas doutorais,
Ora arbitrando ruidosos ludopédios.

Os bandeirantes heris, continuados
Em capitães de indústria, preterindo
O sertanismo pela mais-valia.

Os bacharéis, cabeça de papel,
Rabo de palha, talim de mosqueteiro,
Salvando a pátria amada sem cobrar.

Os flibusteiros na costa, em diuturna
Vigília à costumeira florescência
Dos capitais plantados no ultramar.

Os fidalgos de prol, ensolarados,
Com chancelada carta de brasão,
Modorrando entre opulentos cafezais.

Literatos de truz, já vacinados
Contra a febre do vil engajamento,
À fenestra das torres de marfim.

Os líricos donzéis, atribulados
Por demos gideanos, descobrindo
As primeiras delícias de Sodoma.

Os camareiros eleitos, no timão
Da barca da República, cuidosos
À bússola de vários argentários.

Mas, sal da terra, reverso da medalha,
Balaiadas, Praieiras, Sabinadas,
Palmares, Itambés, Inconfidências.

Tudo ajuizado em boa aferição,
O fruto podre, a rosa ainda em botão,
O sol do grão, a esperança da raiz,

Sob o signo do Cruzeiro insubornável,
Tendo em conta passados e futuros,
Sempre me ufano deste meu país.

Epigramas
[1958]

Para Cassiano Ricardo,
Fernando Góes e
Rolando Roque da Silva

Ainsi pleurait Justice, et d'une robe blanche
Se voilant tout le chef jusqu'au bas de la hanche,
Avec ses autres soeurs, quittant ce val mondain,
Au ciel s'en retourna d'un vol prompt et soudain.
Ronsard, *Les hymnes*

POÉTICA

Não sei palavras dúbias. Meu sermão
Chama ao lobo verdugo e ao cordeiro irmão.

Com duas mãos fraternas, cumplicio
A ilha prometida à proa do navio.

A posse é-me aventura sem sentido.
Só compreendo o pão se dividido.

Não brinco de juiz, não me disfarço em réu.
Aceito meu inferno, mas falo do meu céu.

A ARTHUR RIMBAUD

> La condamnation du rimbaudisme, au nom,
> et pour la mémoire, de Rimbaud.
> Aragon, *Chroniques du Bel Canto*

Amarramos ao cais teu barco ébrio
(Que a salsugem lhe roa o cabrestante)
E atiramos ao mar, prudentemente,
A chave dos teus mapas delirantes.

Despimos teu casaco de boêmio.
(Quanto mais alta a torre, mais burguesa).
Hoje estamos de pé nas barricadas:
Já não morremos por delicadeza.

O teu famoso gole de veneno,
A vertigem, o inferno, a eternidade
— Tudo isso passou, mas aprendemos
Tua lição: saudamos a bondade.

A EDGAR ALLAN POE

Fecha-se um homem no quarto
E esquece a janela aberta.
Pela janela entra um corvo.
O homem se desconcerta.

Desconcertado, invectiva-o
De anjo, demônio, adivinho.
Pede-lhe mágicas, mapas,
Soluções, chaves, caminhos.

Mas, ave de curto voo,
O corvo sorri de pena.
Murmura vagas palavras.
Não absolve, não condena.

Cala-se o homem, frustrado,
(O egocentrismo desgosta)
E, a contragosto, percebe
Que o eco não é resposta.

A PEQUENA REVOLUÇÃO DE JACQUES PRÉVERT

Há um poeta imóvel
No meio da rua.
Não é anjo bobo
Que viva de brisa,
Nem é canibal
Que coma carne crua.
Não vende gravatas,
Não prega sermão,
Não teme o inferno,
Não reclama o céu.
É um poeta apenas,
Sob seu chapéu.
À sua volta, o trânsito
Escorre, raivoso,
E o semáforo muda,
Célere, os sinais.
Mas o poeta não sai
De seu lugar. Jamais.
Diz um padre: — "É pecador.
Blasfemou, praticou
Fornicação, assalto.
Por castigo ficou
Atado ao asfalto."
Diz um rico: — "É anarquista,
Que mastiga pólvora,

Que bebe cerveja.
E espera a explosão
Da bomba sob a igreja."
Diz um soldado: — "É agente
De potência estrangeira.
Aguarda seus cúmplices,
Ocultos em algum
Lugar desta ladeira."
Diz um doutor: — "É vítima
De mal perigoso.
Está paralítico,
Ou talvez nefrítico,
Ou então leproso."
Ante notícias
Tão contraditórias,
Há queda na Bolsa,
Pânico na Sé,
Cai o Ministério,
E foge o doutor,
O padre, o soldado,
O rico, o ministro,
O governador.
Sem donos, o povo
Livra-se de impostos;
Sem padres, o povo
Livra-se da missa;
Sem doutores, o povo
Livra-se da morte.
As ruas se animam
De vozes, de cores,
De passos, pregões,
Abraços, canções.

E, no meio da rua,
Sob seu chapéu,
Sob o azul do céu,
O poeta sorri,
Completo,
Feliz.

A NAZIM HIKMET

Não a fina argila de que se faz um vaso,
Mas o barro do chão, sujo de sangue e passos
E combates humanos: essa, Nazim, a ríspida matéria
Que sempre modelaste.

A UNS POLÍTICOS

Depois de nós, o dilúvio.
Entrementes, de Javé
Poupada, fulge Sodoma,
Capital da nossa fé.

Mas se a chuva acontecer
(Há tempo de sobra até),
Adeus, que somos marujos
Da equipagem de Noé.

PRIMEIRO TEMA BÍBLICO

Dorme o profeta
De mãos cruzadas
Sob a folhagem
Grave das barbas.

Dorme o profeta
Num mundo tranquilo
Onde a lei irmana
Vítima e carrasco.

Dorme o profeta
Muito além da cama,
Enquanto um rato
Devora a colheita,

Enquanto um inseto
Corrompe o vinho,
Enquanto um verdugo
Enumera as forcas.

Dorme o profeta, dorme
E não acorda, nuvem
Perdida no sopro
Dos clarins celestes.

Dorme o profeta, sempre
Entre mãos cruzadas:
A inútil mão limpa
Dos suicidas.

SEGUNDO TEMA BÍBLICO

Para Oswald de Andrade Filho

A mãe, ajoelhada:

Cobri-me de cinzas
E confundi meus passos
Para não voltar.

Aqui me deitei
A velar os mortos
Do último dia.

Já não ouço mais
As vozes divinas
Que antes ouvia.

Agora e sempre,
Na fala do morto,
No riso do algoz,

Ouço a minha voz.

A mulher, imprecando:

A mão que detém
O punhal do crime,
A seda corrupta,

A pedra do sarcasmo;
A mão que traduz
O trigo diurno,
As águas raivosas,
O sol dos perdões;
Oh! mão, por que aceitas,
Sem fogo ou revolta,
O jugo da cruz?

O homem, crucificado:

Seja a ideia mais forte
Que o vinagre e a lança
Dos conquistadores.

Seja meu exemplo
Sangrento resgate
Às moedas de César.

Tombem as muralhas.
Pelo testemunho,
Salvo-me e prossigo.

(Embora o cordeiro
Seja uma iguaria
Grata ao inimigo.)

BUCÓLICA

O camponês sem terra
Detém a charrua
E pensa em colheitas
Que nunca serão suas.

IL POVERELLO

Desgrenhado e meigo, andava na floresta.
Os pássaros dormiam em seus cabelos.
As feras o seguiam mansamente.
Os peixes bebiam-lhe as palavras.

Dentro dele todo o caos se resolvera
Numa ingênua certeza: — "Preguei a paz,
Mostrei o erro, domei a força, curei o mal.
Antes de mim, o crime. Depois de mim, o amor."

Mas a floresta esqueceu, no outro dia,
O bíblico sermão e, novamente,
O lobo comeu a ovelha, a águia comeu a pomba,
Como se nunca houvera santos nem sermões.

BALADILHA

Morre o boi
Quando chega ao fim
A paciência bovina
De mascar capim,
De puxar o carro,
De servir ao homem
Que o mata e come.

Morre o cão
No meio da rua
Sob a luz da lua
A que tanto uivou.
Guardou fielmente
O celeiro do homem,
Mas morreu de fome.

Morre o pássaro
Dentro da gaiola.
Quando é noite e o canto
Já não o consola.
Pela última vez
Canta para o homem
Que, embora livre, dorme.

Envoy:

Homem, não sejas
Pássaro nostálgico,
Cão ou boi servil.
Levanta o fuzil
Contra o outro homem
Que te quer escravo.
Só depois disso morre.

DO MECENATO

Ele vive
Como um leão de circo.

De manhã, alguém
Deixa sobre o chão
Da jaula, ainda suja
De excremento e sonhos,
O prato de ração.
Nesse instante, ele pensa
(Breve espaço sem grades)
Um mundo mais justo,
Onde o pão não custe
Essa cabeça baixa,
Esse rubor ao insulto,
Esse olhar melancólico
A todas as escadas.

De dia, ele corre
O picadeiro com
A juba irritada
E urra como bicho
E vocifera, mas
Um chicote o traz
De volta à realidade.
Então, submisso,
Ele rola a bola,
Ele pula o arco,

Ele sobe o degrau
Sob o olhar ferino
Da culta plateia,
Que no riso se vinga
Desse leão frustrado
Que há em todos nós.

De noite, ele volta
À rua de sempre,
À lua de sempre,
Ao sono de sempre
Sob cobertores
E dorme, no consolo
De que, neste mundo,
Apesar de tudo,
Há sempre mais leões
Do que domadores.

VOLTA À LEGALIDADE

Decretamos silêncio, mas alguns
Murmuravam ainda. Decepamos
A língua obstinada.

Proibimos lanternas, mas alguém
Nos olhava do escuro. Trespassamos
O olho indagador.

Pedimos sujeição, mas houve punhos
Erguidos contra nós. Inauguramos
A fase dos reféns.

Persistia a desordem. Era inútil
A tática cristã. Então usamos
A parede e o fuzil.

Hoje estamos, Comandante, receosos
Nesta cidade morta, onde escutamos
Ruídos tenebrosos.

Os cães latem demais. Há mesmo casos
De deserção na tropa. O medo, agora,
É hóspede constante.

Eis a última mensagem, Comandante:
A ordem foi mantida. Agora é tarde.
Deus nos guarde.

CENA LEGISLATIVA

Primeiramente, condenou-se a pomba
Por amar uma paz entorpecente
Onde o leão perde a juba e a hiena os dentes.

Depois, condenou-se no cordeiro
A perigosa dúvida que o anima.
O rio dos lobos corre sempre para cima.

Condenou-se a cigarra, finalmente,
Pelo crime de cantar nas horas vagas
Que a faina das formigas não tem paga.

Consolidada a ordem, festejou-se.
E o leão rugindo, a hiena rindo,
Os trabalhos foram dados por bem findos.

IVAN ILITCH, 1958

Trrrim, bocejo,
Roupão, chinelos,
Gilete, escova,
Água, sabão,
Café com pão,
Chapéu, gravata,
Beijo, automóvel,
Adeus, adeus.

Gente, trânsito,
Sol, bom-dia,
Escritório,
Relatório,
Telefones,
Almoço, arroto,
Contas, desgosto,
Adeus, adeus.

Clube, vento,
Grama, tênis,
Ducha, alento,
Bar, escândalos,
Pedro, Paulo,
Mulher de Pedro,
Mulher de Paulo,
Adeus, adeus.

Lar, esposa,
Filhos, pijama,
Janta, living,
Jornal, cismares,
Tricô, vagares,
Hiato, ausências,
Bocejo, escada,
Adeus, adeus.

Quarto, cama,
Glândulas, êxtase,
Dois em um,
Dois em nada,
Dever cumprido,
Luz apagada,
Adeus, adeus.

Horas, dias,
Meses, anos,
Cãs, enganos,
Desenganos,
Vácuo, náusea,
Indiferença,
Cipreste, olvido
Há Deus? adeus.

NOVA ODE AO BURGUÊS

As paredes, imóveis como porto,
Guardam-lhe o corpo de pedra cautelosa.
Um horizonte de nuvens o desposa,
Mas ele, receoso, não desliza.

Numa dança contínua, as coisas voam.
Há em tudo lampejos de recreio.
Voam pássaros no quarto, e o voo alheio
Deixa em seu peito um pássaro ofegante.

No crepúsculo do copo esconde a face
E o peixe esguio, entrando-lhe a garganta,
Provoca um oceano, de onde nascem
Permanências de água tumultuosa.

Quando o íntimo duelo nele instala
Sua esfera, noturna aparição,
O *blues* terrível rasteja pela sala,
Morde-lhe o coração de sangue e vento.

A CLAUSEWITZ

O marechal de campo
Sonha um universo
Sem paz nem hemorroidas.

RESSALVA

Fácil riqueza de poucos.

A luva antes do crime,
O pão sem mérito algum,
O rosto, mármore falso,
Os pés no barro comum.

Árdua pobreza de muitos.

A injustiça da cruz,
A pressa das alegrias,
A demora dos augúrios,
As penas da rebeldia.

Mas um diamante — o orgulho.

GOTTSCHALK REVISITADO

Não te ouvi do Ipiranga, esse riacho
De nenhuma importância fluvial,
Mas do teu povo o brado retumbante
Muitas vezes ouvi no carnaval.

O sol da liberdade, felizmente,
Sempre em teu céu brilhou e em nosso peito.
Porém, se da justiça a clava forte
For preciso afinal, damos um jeito.

Se preferes dormir em berço esplêndido,
É teu gosto e prazer. Ninguém tem nada
Com isso. Dorme impávida. Ademais,
Antes pátria dormida que roubada.

Adormecida ou não, que meu amor
Por ti sempre constante se ressalve,
E, aninhado em teu seio, eu grite: — "Pátria
Amada, idolatrada, salve, salve!"

ODE

Uma palavra esquecida
À beira do precipício
Onde o suicida hesitou.
Uma palavra tranquila
Em meio ao pânico, voz
Sem equívoco, harmonia
De harpas antecipadas.
Uma palavra roubada
A outro alfabeto, onde o lobo
Já não uive, onde o revólver
Desobedeça ao gatilho.
Uma palavra mais forte
Que todo gesto de raiva,
Que todo grito de morte.
Uma palavra ofertada
Ao homem que, do presente,
Dialoga com seu futuro.
Uma palavra que traz
Em si muitas outras: PAZ.

NOVO SONETO QUIXOTESCO

O século tombou, madeiro podre,
Sobre o teu sonho heroico, sepultando
Entre pedra e caliça, as disciplinas
Da loucura, do amor, do despropósito.

O mundo é mesmo assim, meu cavaleiro
De tristonha figura, e há que aceitar
A lógica prudente dos alcaides
(Ou fingir aceitá-la, pelo menos).

Mas teu exemplo fica e é sobre ele
Que me debruço agora e me revejo
Quixotesco também, saudosamente.

Quixotescos nascemos. Certo dia,
Viramos bacharéis ou almocreves,
E nesse dia, Herói, morres conosco.

MATINATA

O galo cantou. Fogem morcegos na noite derrotada. A vítima sorri, triunfalmente, do último combate.

O galo cantou. O fantasma tira a máscara, exausto de vinganças. A todo morto olvido, a todo faminto pão, a todo humilhado glória.

O galo cantou. O suicida recusa o copo de veneno e sepulta em si mesmo o orgulho pobre e o mistério absurdo.

O galo cantou. Alguém olha o relógio. Não é hora de guerra nem hora de medo, mas a primeira hora.

O galo cantou. O homem recolhe as armas do chão e com sangue escreve no infinito: SEJA AMOR O ÚNICO PROBLEMA.

Anatomias
[1967]

Para a Dora

je réclame de vivre pleinement la contradiction de mon temps, qui peut faire d'un sarcasme la condition de la verité.
Roland Barthes

AS ENCOMENDAS

faz uma reza
bem piedosa
faz uma valsa
bem langorosa
faz uma arenga
bem clamorosa

dá devoção
aos que blasfemem
dá diversão
aos que bocejem
dá convicção
aos que duvidem

mas tua reza
não é ortodoxa?
mas tua valsa
não é amena?
mas tua arenga
não é convicta?

fora poeta
(excomungado)
fora poeta
(desempregado)
fora poeta
(amordaçado)

ANATOMIA DO MONÓLOGO

ser ou não ser?
er ou não er?
r ou não r?
ou não?
onã?

OS LANCEIROS

para augusto haroldo décio

em malarmado
lance o dado
caiu no poço
do espaço em branco

azar: que ponto
marcava? acaso
um alto ponto?
um desaponto?

eis logo em campo
dois espeleólogos
vão ver e desce
o *tertio* três

demoram voltam
participando:
A THING OF BEAUTY
IS A JOYCE FOREVER

EPITÁFIO PARA UM BANQUEIRO

negócio
  ego
    ócio
      cio
        0

EXERCÍCIO ORTOGRÁFICO

metafísica

metaphysica

metaphtysica

DE SENECTUDE

já antecipa a língua
afeita à alegoria
na carne da vida
o verme da agonia

já tritura o olho
no gral da apatia
o carvão da noite
a brasa do dia

já se junta um pé
a outro em simetria
de viagem além
da cronologia

já por metafísico
o medo anuncia
sua máquina de espantos
à alma vazia

PAVLOVIANA

a sineta
    a saliva
        a comida
a sineta
    a saliva
        a saliva
a saliva
    a saliva
        a saliva

o mistério
    o rito
        a igreja
o rito
    a igreja
        a igreja
a igreja
    a igreja
        a igreja

a revolta
    a doutrina
        o partido
a doutrina
    o partido
        o partido
o partido
    o partido
        o partido

a emoção
    a ideia
        a palavra
a ideia
    a palavra
        a palavra
a palavra
    a palavra
        A PALAVRA

TROVA DO POETA DE VANGUARDA OU THE MEDIUM IS THE MASSAGE

se me decifrarem
recifro
se me desrecifrarem
rerrecifro

se me desrerrecifrarem
então
meus correrrerrecifradores
serão

EPITALÂMIO

      uva
    pensa da
  concha oclusa
entre coxas abruptas

      teu
   vinho sabe
  à tinta espessa
de polvos noturnos

     (falo
    da noite
  primeva nas águas
do amor da morte)

CARTILHA

a MATilha
contra a Ilha

Ilha recUSA?
Ilha reclUSA

USA e abUSA

América LATina
AméRICA ladina

LATe a MATilha

Ilha trILHA
cartILHA

KIPLING REVISITADO

      se etc
      se etc
      se etc
      se etc
      se etc
      se etc
      se etc

serás um teorema
meu filho

OSSO E VOLTAS

rapatiradeixaPÕE

põe no osso
de cada dia
o dente gasto
de roer

tiradeixapõeRAPA

rapa e rosna
até sangrar-
te a boca o nada
que roer

rapatirapõeDEIXA

deixa a fome
remoer
o logro implícito
em roer

rapadeixapõeTIRA

tira ao osso
moral que sói:
cão ou morde
ou rói

OCIDENTAL

a missa
a miss
o míssil

A MAIAKÓVSKI

uns te preferem suicida

eu te quero pela vida
que celebraste na flauta
de uma vértebra patética
molhada no sangue rubro
de um crepúsculo de outubro

O MILAGRE ALEMÃO

volkswarren
volkswagner
volkswagen

À MODA DA CASA

feijoada
marmelada
goleada
quartelada

CONYXÕES

april is the cruellest month

o ato o fato
o gato o rato
o morro o mato
O URRO O CACTO
o tacto o pacto
a teta o lácteo
o lauto o flato

O POETA AO ESPELHO, BARBEANDO-SE

o rito
do dia
o ríctus
do dia
o risco
do dia

EU?
UE?

olho
por olho
dente
por dente
ruga
por ruga

EU?
UE?

o fio
da barba
o fio
da navalha
a vida
por um fio

EU?
UE?

mas a barba
feita
a máscara
refeita
mais um dia
aceita

EU
EU

CRONOLOGIA

A. C.
D. C.
W. C.

POEMA PARA O DIA DAS MÃES

é hoje que mercúrio
cede o nicho à virgem
e ao menino é hoje

que no altar da indústria
& do comércio queima
a filial pecúnia

é hoje que édipo
oferece a jocasta
o bezerro de ouro

ANATOMIA DA MUSA

capitis diminutio
area non aedificandi

abusus non tollit usum:
ad usum delphini

multum in parvo:
in hoc signo vinces

mutatis mutandis:
modus in rebus!

per angusta ad augusta

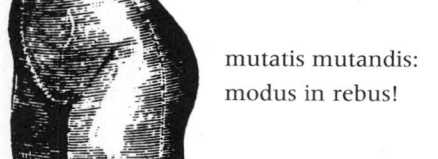

all rights reserved

A UM OPORTUNISTA

o barco naufraga   os ratos
fogem solertes (no cais
ronda a perfídia dos gatos)

O SUICIDA OU DESCARTES ÀS AVESSAS

cogito

        ergo

pum!

OR(APROVO)BIS

se de sub(missa)
cerviz (servis)
os humilhados
em um (ilhados)
ar(roubo) vão
pro céu do Pa(i)trão

Meia palavra
cívicas, eróticas e metafísicas
[1973]

para a dora

a palavra, so[m]bra da ação
Demócrito

SICK TRANSIT

LIBERDADE INTERDITADA

↑ DETRAN

PARAISO
V. MARIANA

POST PRANDIUM

nem o jornal diz patranha
nem a hipérbole é tacanha:
curvou-se o mundo à façanha
do abismo feito montanha

hoje deus nos acompanha
já somos grandes d'hespanha
só não bate quem apanha
só quem perde é que não ganha

jamais concórdia tamanha:
a mão procura a piranha
a mosca se oferta à aranha
o peixe anzol não estranha

apátrida pois com sanha
ou traidor sem entranha
é quem não beba a champanha
deste meu brinde a cucanha

LÁPIDE PARA UM POETA OFICIAL

a morte enfim torceu
o pescoço à eloquência

NECROLÓGIO DO CIVIL DESCONHECIDO

Nasceu em leito de Procusto, à luz da lanterna de Diógenes. Batizou-o um carabineiro de Offenbach, que lhe vestiu a túnica de Nessus. Na escola, não teve o estalo de Vieira, mas ganhou o anel de Polícrates tão logo aprendeu a dar a César o que fosse de César sem tirar para si nem um ovo de Colombo. Viveu a correr de Herodes a Pilatos, montado no asno de Buridan, que esporeava com calcanhar de Aquiles. Mal lhe sobrava tempo para um cochilo de Homero. Não compareceu a festins de Baltazar, mas consolou-se com uma vitória de Pirro: o convite para ajudar os trabalhos de Sísifo. Durou o que duram as rosas de Malherbe. Foi sepultado nas estrebarias de Áugias sem que por ele se derramasse uma só lágrima de Xerxes. Seu nome? Ninguém lembra.

OLÍMPICA

ufa ufa ufa ufa
por ufa ufa ufa
ufa que ufa ufa
ufa ufa me ufa
ufa ufa ufa ufa
no ufa ufa ufa
ufa do ufa ufa
ufa ufa meu ufa
ufa ufa ufa pa
ís ufa uff fff

CANÇÃO DE EXÍLIO FACILITADA

lá?
ah!

sabiá…
papá…
maná…
sofá…
sinhá…

cá?
bah!

O VAGIDO DA SOCIEDADE DE CONSUMO

consummatum est!

SEU METALÉXICO

economiopia
desenvolvimentir
utopiada
consumidoidos
patriotários
suicidadãos

APÓLOGO COM VÉU DE ALEGORIA

o amor é maluco
disse à faca o eunuco

o espaço? um abuso
disse à grade o recluso

como ajuda a fé!
disse o tapete ao pé

eis o nosso porto
disseram vivo e morto

EPITALÂMIO

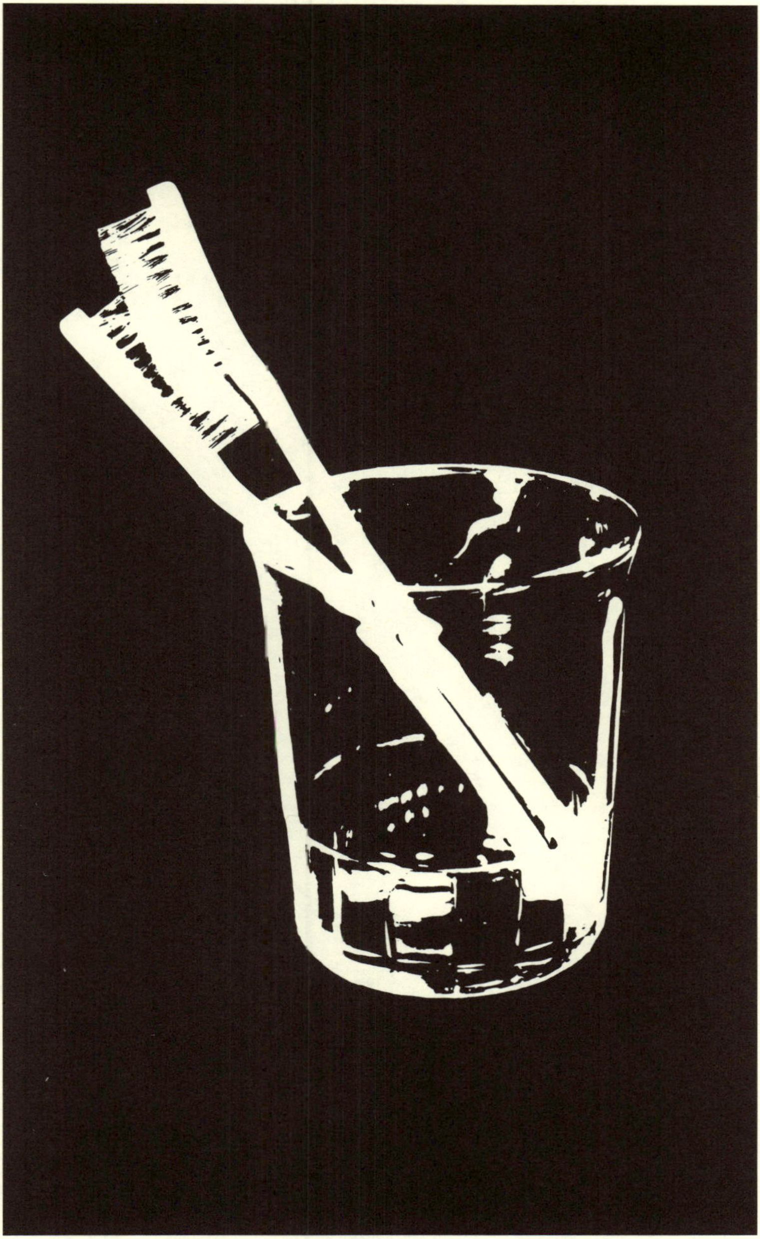

ARS AMANDI

amar
amar
amar

qual ama

o nascituro a mama
o incendiário a chama
o opilado a lama

MINICANTIGA D'AMIGO

coyta

coyto

AUTOESCOLA VÊNUS

contato

para trás
(devagar)
para frente
(devagar)
para trás
(ACELERE)
para frente
(ACELERE)

pode desligar

CAMASSUTRA

    ele   ela

    ele   ela
    ela   ele

    ele   ela
    ɐlǝ   ǝlɐ

    $\overline{ele}^{la}$ $\overline{ela}^{le}$

        elela

          l

l   l

O ESPAÇO É CURVO

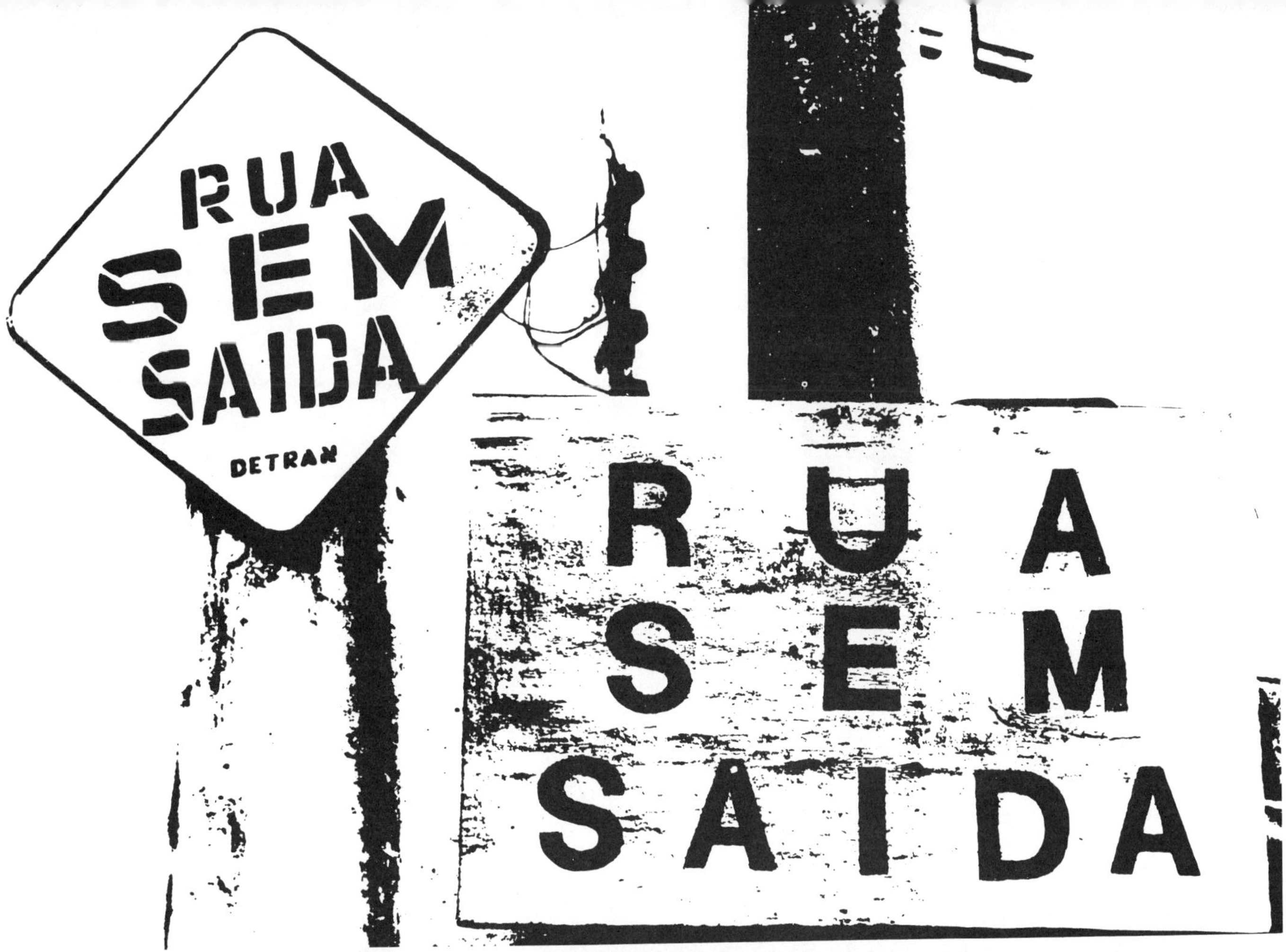
RUA
SEM
SAÍDA
RUA
SEM
SAIDA
DETRAN

LIÇÃO DE CASA SOBRE UM
TEMA DE APOLLINAIRE

la vulverrose je t'le rappele
quoique royale n'est pas la seule
fleur possible à ton jardin ma belle

ENTROPIA

L'amor che move il sole e l'altre stelle

não que a chama não
queime a luz perdesse
razão de iluminar

não que a boca não
morda ao fruto falte
o bíblico sabor

mas e a crescente
sensação de morno?
o ver sem ver? um fel

vagomelancólico
a perturbar agora
a digestão de adão?

PASCAL PRÊT-À-PORTER
E/OU
LE TOMBEAU DE MALLARMÉ

le silence eternel de ces espaces infinis m'effraye

EXTEMPORÂNEA

para José Emílio Pacheco

hojes acuando
os depois e quandos
em bando

como passa o tempo!
o agora tempo-
rário o ontem pó

o pior momento
está sempre (memento
homo) indo embora

a hora? ora a hora...

SALDO

a torneira seca
(mas pior: a falta
de sede)

a luz apagada
(mas pior: o gosto
do escuro)

a porta fechada
(mas pior: a chave
por dentro)

FALSO DIÁLOGO ENTRE PESSOA E CAEIRO

— a chuva me deixa triste...
— a mim me deixa molhado

METASSONETO OU O COMPUTADOR IRRITADO

abba
baab
cdc
dcc

aabb
bbaa
ccd
dcd

cdc
dcc
abab
baba

ccd
dcd
abba
baab

blablablablablablablablablablablablablablabla

EPITÁFIO PARA NONÊ

está melhor que nós todos
(era o melhor de nós todos)

DECLARAÇÃO DE BENS

meu deus
minha pátria
minha família

minha casa
meu clube
meu carro

minha mulher
minha escova de dentes
meus calos

minha vida
meu câncer
meus vermes

ANTITURÍSTICA

viagem: sem olhos
por cima do ombro

miragem nenhuma
nenhum escombro

na mala (vala
incomum) só um

bem: o sem
o nem o nada

viagem: o nunca
mapa a sempre estrada

TERMO DE RESPONSABILIDADE

mais nada
a dizer: só o vício
de roer os ossos
do ofício

já nenhum estandarte
à mão
enfim a tripa feita
coração

silêncio
por dentro sol de graça
o resto literatura
às traças!

Resíduo
[1980]

para a dora, "o menor passo"

contra piadas não há argumentos
kafka, *o castelo*

LEMBRETE CÍVICO

homem público

mulher pública

O LIBERTADOR

frei   id
   freiid
   freud

A EVOLUÇÃO DOS ESTILOS

barroco
barrococo
   rococó

BRINDE NO DIA DAS MÃES

à tua!

NÃO CORA A PENA DE OMBREAR CO'O SABRE

wordswordswords
    swords

PROJETO DE MAUSOLÉU CIVILISTA
E/OU
FOETUS INTELLECTUALIS BRASILIENSIS

UM SONHO AMERICANO

CIA limitada

EPITÁFIO PARA RUI

...e tenho dito
bravos!
(mas o que foi mesmo que ele disse?)

LAPSUS LINGUAE DO CANDIDATO

sou homem de ação
não de palavra

LES MAINS SALES

mãos à obra!

FICÇÃO CIENTÍFICA

o homem mais feliz de vênus
não usava camisa

LAR

espaço que separa
o volkswagen
da televisão

NEOPAULÍSTICA

pelo mesmo tietê
onde outrora viajavam
bandeirantes heris

só viajam agora
os dejetos: bandeira
de seus filhos fabris

BRECHT REVISITADO

partido: o que partiu
rumo ao futuro
mas no caminho esqueceu
a razão da partida

(só perdemos
a viagem camaradas
não a estrada
nem a vida)

A UM CAVALÍGRAFO

o que pastam?   brancos
o que correm?   campos
de papel   quem são?
o nada feito vida

por um risco de tinta
na página: milagre
da mão instantânea
que do ar convoca

para aqui e agora
os sempre nunca mesmos
(cada qual surpresa)
mil e um cavalos

de yoshiya takaoka

OUTDOOR PARA IGREJA
E/OU
CONSULTÓRIO DE PSICANALISTA

HINO AO SONO

sem a pequena morte
de toda noite
como sobreviver à vida
de cada dia?

EPITÁFIO PARA OSMAN LINS

o palíndromo do mundo
ora se te aclara:
verbo fez-se a carne
voa avalovara!

PRAGA

por seu fígado de pedra
imune a toda sorte
ou quantidade de álcool

por seus pulmões de couro
que degustam sem tosse
os tabacos mais vis

por seu olho de mocho
cuja luz as noites
boêmias nunca apagam

por seu ouvido mouco
a quaisquer lisonjas
ou intimações da ordem

por sua mão de peneira
que desconhece o gesto
adunco de reter

por seu cio salomônico
que nem um rebanho
de cabras fartaria

por sua pintura
que sabe (tosca e sã)
a cebola mordida

— por tudo isso a inveja
de amigos virtuosos
de moby o pintor

condena-lhe a alma
não às fúrias do inferno
mas às glórias do céu

mais burguês que houver
com anjos sem sexo
harpas compulsórias

hora de dormir
hora de acordar
sermões jejuns esportes

e bocejos bocejos
por todos os malditos
séculos dos séculos

DO NOVÍSSIMO TESTAMENTO

e levaram-no maniatado

e despindo-o o cobriram com uma capa de escarlata

e tecendo uma coroa d'espinhos puseram-lha na cabeça e em sua mão direita uma cana e ajoelhando diante dele o escarneciam

e cuspindo nele tiraram-lhe a cana e batiam-lhe com ela na cabeça

e depois de o haverem escarnecido tiraram-lhe a capa vestiram-lhe os seus vestidos e o levaram a crucificar

o secretário da segurança admitiu os excessos dos policiais e afirmou que já mandara abrir inquérito para punir os responsáveis

GRAFITO

neste lugar solitário
o homem toda manhã
tem o porte estatuário
de um pensador de rodin

neste lugar solitário
extravasa sem sursis
como num confessionário
o mais íntimo de si

neste lugar solitário
arúspice desentranha
o aflito vocabulário
de suas próprias entranhas

neste lugar solitário
faz a conta mais doída:
em lançamentos diários
a soma de sua vida

Calendário perplexo
[1983]

*Omnia tempus habent, et ego breve postulo tempus,
ut possim paucos presens tibi reddere versus.*

O arquipoeta de Colônia (século XII)

1º de janeiro
BRINDE

ano novo: vida
nova
dívidas novas
dúvidas novas

ab ovo outra
vez: do revés
ao talvez (ou
ao tanto faz como fez)

hora zero: soma
do velho?
idade do novo?
o nada: um ovo

salve(-se) o ano novo!

14 de março, dia da poesia
DICIONÁRIO DE RIMAS

A de amar:
no lar
como no lupanar

B de beleza:
frieza
acesa

C de caminho:
espinho
sobre espinho

D de dever:
fazer
sem prazer

E de emoção:
coração
à mão

F de formiga:
fadiga
não cantiga

G de glória:
promissória
à história

H de heresia:
não à miopia
da ortodoxia

I de instinto:
labirinto
faminto

J de juventude:
a inquietude
da saúde

L de liberdade:
há-de
há-de

M de mulher:
a que der
e vier

N de niilismo:
dandismo
do abismo

O de olvido:
foi-se o alarido
do ido e vivido

P de poeta:
profeta?
pateta?

Q de quimera:
a fera
do quem dera

R de rosa:
é uma rosa
é uma rosa

S de sorte:
um pouco de esporte
antes da morte

T de tradutor:
traidor
por amor

U de utópico:
filantrópico-
-telescópico

V de vida:
partida
perdida?

X de xeque-mate:
já não há deus que ate
nem desate

Z de zero:
o número mais fero
e mais vero

31 de março/ 1º de abril
DÚVIDA REVOLUCIONÁRIA

ontem foi hoje?
ou hoje é que é ontem?

16 de abril
CANÇÃO DE BODAS

> *in seed time learn in harvest*
> *time teach in winter enjoy*
> blake *proverbs of hell*

não de prata
        ouro
                ou diamante
                        ANTES
de encontros
            desencontros
                    reencontros
                              A MAR-
riage
    of hell & heaven
                como todo
                      AMAR   que se preze
até
  que a morte
            nos
                separe   (se puder)

19 de abril
DIA DO ÍNDIO

o dia dos que têm
os seus dias contados

20 de abril, dia do diplomata
MONÓLOGO DO PORTA-VOZ

— sim-sim?   — não-não?
    — não!
— não-sim?   — sim-não?
    — sim!

1º de maio
ETIMOLOGIA

no suor do rosto
o gosto
do nosso pão diário

sal: salário

9 de maio, dia das mães
SOBRE UMA LITOGRAFIA
DE OCTÁVIO ARAÚJO

rochedo e pássaro: a mesma sombra parda
o triângulo santíssimo no centro
um unicórnio virtual de guarda
e o fogo da vida a queimar dentro

não fogo do saber fósforo breve
no caos   mas o magma primordial
com que o ser a si mesmo se concebe
nas trevas aquém do bem e do mal

eva em cadeias como a lei ordena
cansado de ser deus boceja-lhe o ser
no ventre   quer luz   está pronta a cena
para mais uma vez prometeu nascer

13 de maio
ALMAS BRANCAS

a comissão de frente
ajoelha-se à porta da cabana de pai tomás
para saudar a comissão julgadora
enquanto no fundo do quintal
o bode de luís gama
tenta baldadamente explicar à prole
que negritude quer dizer
"negro em tudo"

12 de junho, dia dos namorados
A VERDADEIRA FESTA

mas pra que fogueira
rojão
quentão?

basta o fogo nas veias
e a escuridão
coração

24 de junho, são joão
O TERRORISTA CONSOLADO

nunca nenhum balão
veio cair aqui
na minha mão...

em compensação
nunca bomba alguma
me estourou nas mãos!

6 de julho, morte de castro alves (1871)
RECADO TARDIO

a praça? nunca foi do povo
nem com jeito
nem com dor

(que candor condor!)

quanto ao céu
de (cé)sar e de(u)s
devagar co'ardor

e co'andor condor!

22 de julho
ANIVERSÁRIO

amigos abraços
velas acesas
velas apagadas
obrigado adeus:

ensaio de outra festa
(próxima? distante?)
também com amigos
com velas com adeuses

sobretudo adeuses

8 de agosto, dia dos pais
METAMORFOSE DOIS

quando lhe veio à lembrança
que bicho é pai de bicho
o pai de gregório samsa
juntou-se ao filho no lixo

13 de outubro, morte de manuel bandeira (1956)
EPITÁFIO

poeta menormenormenormenor
menormenormenormenor enorme

20 de outubro, dia do poeta
OFERENDAS COM AVISO

vamos pôr uma bengala de cego no túmulo de homero
para que ele possa vagar em segurança pelas trevas do hades

vamos pôr um sapato de chumbo no túmulo de dante
para que ele possa ascender mais depressa ao encontro de
[beatriz

vamos pôr uma corda de enforcado no túmulo de villon
para que ele possa balançar-se em boa companhia

vamos pôr um olho de vidro no túmulo de camões
para que ele possa assistir à volta d'el-rei d. sebastião

vamos pôr um pedaço de carniça no túmulo de baudelaire
para que ele possa sentir o cheiro da vida aqui fora

vamos pôr um silenciador no túmulo de maiakóvski
para que o seu revólver não perturbe os planos quinquenais

claro que em cada túmulo junto com as oferendas
poremos também o aviso de praxe FIQUEM TODOS ONDE
ESTÃO

21 de outubro, dia do contacto
ORAÇÃO DO PUBLICITÁRIO

louvado seja o santo anunciante
jamais usaremos o seu nome em vão

2 de novembro, finados
SIC TRANSIT GLORIA MUNDI

    faz
    faz
    faz

    jaz

15 de novembro
A MARCHA DAS UTOPIAS

não era esta a independência que eu sonhava

não era esta a república que eu sonhava

não era este o socialismo que eu sonhava

não era este o apocalipse que eu sonhava

25 de dezembro
TIME IS MONEY

ele nasceu... não ouvem o galo?
vamos correndo crucificá-lo!

COMO ARMAR UM PRESÉPIO

pegar uma paisagem qualquer

cortar todas as árvores e transformá-las em papel de imprensa

enviar para o matadouro mais próximo todos os animais

retirar da terra o petróleo ferro urânio que possa eventualmente conter e fabricar carros tanques aviões mísseis nucleares cujos morticínios hão de ser noticiados com destaque

despejar os detritos industriais nos rios e lagos

exterminar com herbicida ou napalm os últimos traços de vegetação

evacuar a população sobrevivente para as fábricas e cortiços da cidade

depois de reduzir assim a paisagem à medida do homem

erguer um estábulo com restos de madeira cobri-lo de chapas enferrujadas e esperar

esperar que algum boi doente algum burro fugido algum carneiro sem dono venha nele esconder-se esperar que venha ajoelhar-se diante dele algum velho pastor que ainda acredite no milagre

esperar esperar

quem sabe um dia não nasce ali uma criança e a vida recomeça?

A poesia está morta mas juro que não fui eu
[1988]

para a dora
cúmplice na inocência

OLHO NO UMBIGO

je me représente plutôt les poètes dans un lieu qu'à travers le temps [...] et moi-même je n'ai d'autre place que dans ce lieu, il me semble qu'il suffit que je m'ajoute à eux pour que la littérature soit complète [...] mais il suffit de n'être rien autre que moi-même

Francis Ponge

ACIMA DE QUALQUER SUSPEITA

a poesia está morta

mas juro que não fui eu

eu até que tentei fazer o melhor que podia para salvá-la

imitei diligentemente augusto dos anjos paulo torres carlos drummond de andrade manuel bandeira murilo mendes vladimir maiakóvski joão cabral de melo neto paul éluard oswald de andrade guillaume apollinaire sosígenes costa bertolt brecht augusto de campos

não adiantou nada

em desespero de causa cheguei a imitar um certo (ou incerto) josé paulo paes poeta de ribeirãozinho estrada de ferro araraquarense

porém ribeirãozinho mudou de nome a estrada de ferro araraquarense foi extinta e josé paulo paes parece nunca ter existido

nem eu

ODE AOS DILUIDORES

invenção
co-invenção
convenção

POÉTICA

conciso?   com siso
prolixo?   pro lixo

O ÚLTIMO HETERÔNIMO

o poema é o autor do poeta

SUCESSÃO

o concretismo está morto

viva a poesia
concreta

A UM COLEGA DE OFÍCIO

você não gosta do que eu escrevo
eu até gosto do que você escreve

talvez eu não seja tão exigente quanto você

LIVRO DOS PROVÉRBIOS

o provérbio é um dos mais terríveis meios de estagnação da humanidade
Mário de Andrade

TEORIA DA RELATIVIDADE

devagar se vai longe

mais perto de deus o ateu
do que o monge

OPÇÃO

quem tem boca vai a roma
ou a sodoma

PARE OLHE ESCUTE

quem cala consente
(e no cu logo o sente)

SIC

apresaéiminigadaprefeição

MÉNAGE À TROIS

casa de ferreira
espeto de paulo

O SILÊNCIO É DE OURO!

LAMENTO DO CARREGADOR

piano
piano
e si va lontano!

FÊTES GALANTES

um dia é da calça
o outro do caçador

KOAN

em boca fechada não entra mosc-
-ugh!

AO PÉ DA LETRA

●lho por ●lho
de te   por   de te

A ARTE DE CISCAR

```
e ã m ã
d r e r a
g o g o

a n e h
g i a c o
l h n e

    a
  p o
  p
```

ELEGIA HOLANDESA

águamolepedradura
águaáolepedradura
águaáglepedradura
águaáguepedradura
águaáguapedradura
águaáguaáedradura
águaáguaágdradura
águaáguaáguradura
águaáguaáguaadura
águaáguaáguaádura
águaáguaáguaágura
águaáguaáguaáguaa
águaáguaáguaáguaá

O MAL MENOR

mais vale um pássaro na mão
que uma espingarda

DA MEDIOCRIDADE

chega-te aos maus
que os fará melhores

chega-te aos bons
que os fará piores

ÁLIBI

se os poetas não cantassem
o que teriam os filósofos a explicar?

CAMBRONNIANA

a bom entendedor
meia palavra: bos-

GEOGRÁFICA PESSOAL

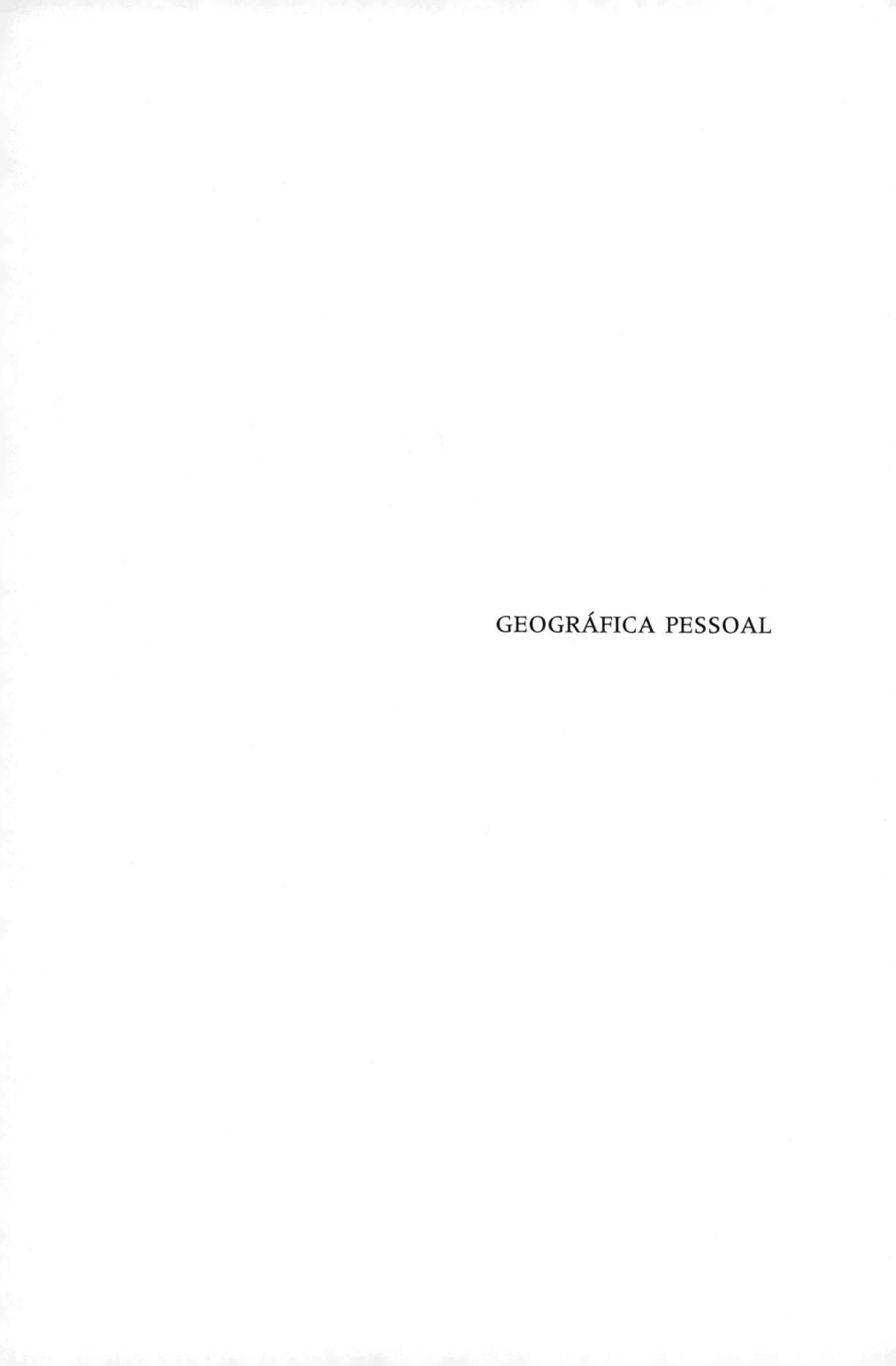

as viagens se fazem para dentro
Henry Miller

TAQUARITINGA

cidade:
nas ruas em pé
eternas namoradas
me espreitam

eu é que não posso vê-las

cidade:
no jardim a fonte
insiste em jorrar
suas águas luminosas

só que me falta a sede

cidade:
agora nem as pedras
me conhecem

ARAÇATUBA

por que céu tão azul?

para nele traçarmos
duas iniciais
entrelaçadas como os nossos corpos

CURITIBA

o interventor do estado
era um pinheiro inabalável

inabaláveis pinheiros igualmente
o secretário da segurança pública
o presidente da academia de letras
o dono do jornal
o bispo o arcebispo o magnífico reitor

ah se naqueles tempos
a gente tivesse
(armando glauco dalton)
um bom machado!

MÉXICO, 1971

depois de apear carlos v do caballito cantinflas subiu o paseo
de la reforma até chapultepec onde na sua castiça alga-
ravia de pelao informou a maximiliano que os filhos da
malinche estavam definitivamente curados do seu mal
secular por obra e graça da vacina antichingada do dou-
tor octavio paz

maximiliano atônito se recusou a esperar mais tempo pelo
pelotão de fuzilamento e o pollice verso de juarez: sui-
cidou-se no ato

carlota não tugiu nem mugiu mas as múmias de guanajuato
iniciaram a marcha sobre a capital ao ritmo dos mariachis
da praça garibaldi tocando em uníssono pela primeira vez
na história

entrementes em cuernavaca zapata descia do mural de ri-
vera para ir avisar os deuses de tenochtitlan: em pleno
espetáculo de luz e som quetzalcoatl arrebatou aos ares
ralph bellamy coatlicue enfiou um punhal de obsidiana
no coração de judith anderson e huitzilopchtli bebeu o
sangue todo de basil rathbone

mas o ponto alto das festividades foi além de uma expo-
sição de esqueletos de antigos generais revolucionários
no saguão do regis hotel a eleição no zócalo de d. mario
moreno para presidente remido da república

na mesma ocasião decretou-se a extinção do partido único doravante substituído por tantos partidos quantos fossem os eleitores do país

excusava dizer que a pelmex filmou tudo com pedro armendariz e dolores del rio nos papéis principais sendo a música (pasmem!) de agustin lara

LISBOA: AVENTURAS

tomei um expresso
                    cheguei de foguete
subi num bonde
                    desci de um elétrico
pedi cafezinho
                    serviram-me uma bica
quis comprar meias
                    só vendiam peúgas
fui dar à descarga
                    disparei um autoclisma
gritei "ó cara!"
                    responderam-me "ó pá!"

                    positivamente
as aves que aqui gorjeiam não gorjeiam como lá

MOSTEIRO DOS JERÔNIMOS

os restos mortais de luís de camões não estão nunca estiveram aqui

foram secretamente sepultados no cemitério dos prazeres sob o heterônimo de fernando pessoa

TOMAR: MUTATIS MUTANDIS

a capela dos templários em tomar é tão grande quanto o palácio de herodes e nela os cruzados assistiam à missa montados em seus corcéis

a sinagoga de tomar é tão pequena quanto uma estrebaria onde só houvesse lugar para uma vaca um burrinho e um recém-nascido

BRITISH MUSEUM

voltem por favor dentro de alguns anos

a essa altura deus todopoderoso já terá sido certamente incorporado à nossa coleção de antiguidades orientais

ANNE HATHAWAY'S COTTAGE

entre o teto baixo e o chão de lajes

coube um dia o céu e a terra e mais coisas do que supõe a nossa vã filosofia

STONEHENGE

sem estes marcos de pedra para guiá-lo

como poderia o sol cumprir a tempo e hora a sua eterna ronda das estações?

PARIS 1975

o corcunda me levou até o alto da torre
me mostrou a cidade
e disse que seria minha por uma esmeralda

ora se nem fernão dias as encontrou
quanto mais eu
que nem bandeirante era?

foi assim que certa noite do verão de 1938 no cine-teatro são pedro de taquaritinga sp perdi o melhor negócio da minha vida

muitos anos depois fui conhecer de perto notre-dame mas já era tarde: não havia mais corcundas nem cidades à venda

GRÉCIA: ACRÓPOLE DE ATENAS

1.

corroídas pela emanação das fábricas e automóveis de atenas as cariátides mal suportam agora o peso da eternidade.

2.

na calada da noite o poder público manda espalhar pelo recinto da acrópole uma boa provisão de cascalho para que no outro dia cada turista possa levar para casa um fragmento autêntico do propileu do partenon do templo de atenas ou do erecteion

MONUMENTO A BYRON

pela independência da grécia
ele deixou a vida
em missolongui

mas a inglaterra acabou fazendo um bom negócio:
levou em troca
o friso do partenon

CABO SOUNION

com tanto céu e sol e mar à vista
por que o olho de posídon iria deter-se
nos nomes de byron ravel ou centenas de outros bárbaros
gravados nas colunas do seu templo?

RUÍNAS DE CORINTO

"do alto destes degraus
s. paulo pregava ao povo de corinto"

olho o degrau: nenhum rastro de sandália
ouço o vento: nenhum rumor de prédica

o tempo sabe fazer as suas contas

ROMA: RECONHECIMENTO

no capitólio interroguei marfório junto à piazza navona procurei paschino: ninguém sabia coisa alguma do aretino

último dos mártires fui a pé do coliseu ao vaticano e ali disse comigo: "vejam só o que é o progresso humano!"

desci às catacumbas em olor de santidade um passageiro a mais no subway da eternidade

a fontana de trevi recusou meu dinheiro: só aceitava dólares e eu trazia cruzeiros

às vitrines da via veneto gritei alto e bom som: "já nada me assusta conheço muito bem a rua augusta!"

e do avião por sobre o fiumiccino vi uma loba devorando dois meninos

PISA: A TORRE

em vão te inclinas pedagogicamente

o mundo jamais compreenderá a obliquidade dos bêbados
ou o mergulho dos suicidas

VENEZA: COM OU SEM BIENAL

burocratas da arte: eis a cidade onde paradoxalmente toda a beleza da vida flui pelos canais competentes

FLORENÇA: ANTEDILUVIANA

se um dilúvio levasse tudo menos esta
galleria degli uffizi
seria muito fácil reconstruir o mundo:
não como era
mas como deveria ter sido

AMSTERDAM BY DAY

dam
gracht
plein
straat

o mundo foi feito
para culminar
num cartão-postal

mas
(papoula endoidecida)
e o rosto de van gogh?

DE AMSTERDAM A ROTTERDAM

é uma tulipa uma tulipa uma tulipa uma tulip-
é um país!

ENTERRO CONCORRIDO

bruges la morte
cheia de turistas
num domingo

ODE AO TURISMO

do juízo final
só eles serão poupados
porque mesmo nesse dia
estavam apenas de passagem

DESISTÓRIAS

we learn from history that we learn nothing from history

G. B. Shaw

DUAS ELEGIAS BIBLIOGRÁFICAS

a Oswald de Andrade

agora
por dá cá aquela palha
muitos invocam o teu nome
em vão

sem nenhum amor
e
o que é pior:
sem nenhum humor

a J.-P. Sartre

morto
sem filho nem
árvore

livros só

enfim
a existência
feita essência:

pó

DA INFÂNCIA DE ROBERT MALTHUS

mamãe se é assim então é só matar todas as cegonhas!

JEANNE AU BÛCHER

as vozes eram reais como real
era a ardência do fogo

mas o que podem os céus contra os reais
interesses em jogo?

COLOMBÓFOBO

o ovo (tão óbvio) de pé
na mesa doutoral

sua lição: o oval
perfeito muito mais

que um equilíbrio falso
como as índias acidentais

MAIO 68

chez guevará

EPITÁFIO PARA UM SOCIÓLOGO

deus tem agora
um sério concorrente

BILDUNGSROMAN

antes bebia de desgosto
agora bebe por gosto

Prosas
seguidas de
Odes mínimas
[1992]

Para a dora, em vez do rubi de praxe

PROSAS

À memória de Fernando Góes, que um dia chamou de Poesias *um livro seu de crônicas*

ESCOLHA DE TÚMULO

> *Mais bien je veux qu'un arbre*
> *m'ombrage au lieu d'un marbre*
> Ronsard

Onde os cavalos do sono
batem cascos matinais.

Onde o mundo se entreabre
em casa, pomar e galo.

Onde ao espelho duplicam-se
as anêmonas do pranto.

Onde um lúcido menino
propõe uma nova infância.

Ali repousa o poeta.

Ali um voo termina,
outro voo se inicia.

CANÇÃO DO ADOLESCENTE

Se mais bem olhardes
notareis que as rugas
umas são postiças
outras literárias.
Notareis ainda
o que mais escondo:
a descontinuidade
do meu corpo híbrido.
Quando corto a rua
para me ocultar
as mulheres riem
(sempre tão agudas!)
do meu pobre corpo.
Que força macabra
misturou pedaços
de criança e homem
para me criar?
Se quereis salvar-me
desta anatomia,
batizai-me depressa
com as inefáveis
as assustadoras
águas do mundo.

NOTURNO

O apito do trem perfura a noite.
As paredes do quarto se encolhem.
O mundo fica mais vasto.

Tantos livros para ler
tantas ruas por andar
tantas mulheres a possuir...

Quando chega a madrugada
o adolescente adormece por fim
certo de que o dia vai nascer especialmente para ele.

CANÇÃO DE EXÍLIO

Um dia segui viagem
sem olhar sobre o meu ombro.

Não vi terras de passagem
Não vi glórias nem escombros.

Guardei no fundo da mala
um raminho de alecrim.

Apaguei a luz da sala
que ainda brilhava por mim.

Fechei a porta da rua
a chave joguei ao mar.

Andei tanto nesta rua
que já não sei mais voltar.

UM RETRATO

Eu mal o conheci
quando era vivo.
Mas o que sabe
um homem de outro homem?

Houve sempre entre nós certa distância,
um pouco maior que a desta mesa onde escrevo
até esse retrato na parede
de onde ele me olha o tempo todo. Para quê?

Não são muitas as lembranças
que dele guardo: a aspereza
da barba no seu rosto quando eu o beijava
ao chegar para as férias;
o cheiro de tabaco em suas roupas;
o perfil mais duro do queixo
quando estava preocupado;
o riso reprimido
até soltar-se (alívio!)
na risada.

Falava pouco comigo.
Estava sempre
noutra parte: ou trabalhando
ou lendo ou conversando
com alguém ou então saindo
(tantas vezes!) de viagem.

Só quando adoeceu e o fui buscar
em casa alheia
e o trouxe para a minha casa (que infinitos
os cuidados de Dora com ele!)
estivemos juntos por mais tempo.
Mesmo então dele eu só conheci
a luta pertinaz
contra a dor, o desconforto,
a inutilidade forçada, os negaceios
da morte já bem próxima.

Até o dia em que tive de ajudar
a descer-lhe o caixão à sepultura.
Aí então eu o soube mais que ausência.
Senti com minhas próprias mãos o peso
do seu corpo, que era o peso
imenso do mundo.
Então o conheci. E conheci-me.

Ergo os olhos para ele na parede.
Sei agora, pai,
o que é estar vivo.

OUTRO RETRATO

O laço de fita
que prende os cabelos
da moça no retrato
mais parece uma borboleta.

Um ventinho qualquer
e sai voando
rumo a outra vida
além do retrato.

Uma vida onde os maridos
nunca chegam tarde
com um gosto amargo
na boca.

Onde não há cozinhas
pratos por lavar
vigílias, fraldas sujas
coqueluches, sarampos.

Onde os filhos não vão
um dia estudar fora
e acabam se casando
e esquecem de escrever.

Onde não sobram contas
a pagar nem dentes

postiços nem cabelos
brancos nem muito menos rugas.

Um ventinho qualquer...
O laço de fita
prende sempre — coitada! —
os cabelos da moça.

J. V.

Já o conheci de bigodes encanecidos, definitivamente avô. E no uniforme de guerra com que costumava atender os fregueses da livraria — camisa sem colarinho, paletó de pijama, chinelos de couro com o seu plac-plac inconfundível.

Nesse mesmo uniforme, muitos anos depois de ele morto, eu o revi em Guimarães, a sua cidade do Minho. O sol poente lhe recortava fugazmente contra o horizonte a figura miúda e trêfega de último escudeiro de Afonso Henriques que partia a combater os mouros.

Viera mocinho de Portugal a chamado da irmã mais velha já fixada no Rio. Acabou se alistando no corpo de bombeiros depois de ter sido caixeiro de loja. No tempo de Floriano, foi recrutado pelo exército. Desertou no cerco da Lapa e atravessou a pé todo o Paraná até São Paulo.

Era um saudoso da monarquia. No lugar de honra da sala de visitas de nossa casa, logo acima do piano alemão, havia um retrato da família imperial.

(Aliás, no começo da República, correra pela cidade o boato de uma contrarrevolução no Rio. Os monarquistas tomaram a prefeitura e declararam restaurado o antigo regime, o qual durou as 24 horas necessárias para chegar a Taquaritinga um desmentido oficial do boato.)

A livraria, papelaria e tipografia de J. V. disputava com a farmácia de seu Juca o prestígio de ponto de encontro das notabilidades locais — o vigário, o juiz e o delegado, a par de figuras menos notáveis.

Como o seu Lincoln, um velhote de fala branda e colete branco com quem minha avó implicava sei eu lá por quê. Ela trocava às vezes por sal o açúcar do cafezinho que lhe servia a contragosto. Mas seu Lincoln nunca se deu por achado, para não vexar J. V.

Falava-se de tudo na roda da livraria, principalmente de política. O fogo da discussão era mantido aceso pelas observações bem-humoradas de J. V., frutos de uma longa experiência dos desconchavos do mundo e dos homens.

Nos anos de guerra, as atenções da roda se voltaram para os acontecimentos da Europa e do Pacífico. J. V. ouvia religiosamente o noticiário da noite no rádio da sala de visitas, mesmo depois de ter lido o jornal de ponta a ponta.

Quando adoeceu gravemente e começou a delirar, queria por força descer da cama para ir matar o imperador Hiroíto. Nós os netos, que nos revezávamos com seus filhos para o vigiar de noite, tínhamos dificuldade em contê-lo. Morreu antes do fim da guerra.

Muitos anos depois, ao ler eu a notícia do falecimento de Hiroíto, vi que ele não perdera por esperar: o último escudeiro de Afonso Henriques o tinha finalmente alcançado.

DONA ZIZINHA

Criara-se numa fazenda do estado do Rio. Lá decerto foi que ouvira, da boca de alguma ex-escrava, as histórias com que enchia de susto as noites de nossa infância: "Ai que eu caio! e caía uma perna. Ai que eu caio! e caía um braço".

Cultivava os seus próprios terrores. Verdureiro que lhe batesse à porta era despachado incontinenti se, após um manhoso interrogatório, ela descobrisse que tinha horta perto do cemitério. Sepulturas e caveiras lhe davam asco invencível.

Mas gostava de histórias de crimes, sobretudo misteriosos. Com seus olhos fundos, já fracos, ajudados por uma grossa lente de bolso que até hoje guardo, lia incansavelmente, e nos deixava ler, os folhetins trazidos toda semana pelo carteiro — Zevaco, Dumas, Conan Doyle.

O avanço da surdez com o passar dos anos, o crescimento dos netos que já não tinham gosto pelas suas histórias ou folhetins, a impaciência dos adultos de conversar com ela aos gritos, condenaram-na praticamente ao silêncio.

Não se sentava mais à mesa conosco para as refeições. Preferia comer solitária na sua cozinha, o prato fundo sobre o colo à maneira da roça: arroz, feijão, couve, farinha e o bife sem sabor algum porque, de nojo, o lavava com sabão antes de fritá-lo.

Só se ia deitar depois de todos terem chegado, fosse a que hora fosse. Cerrava então as portas e as janelas com uma infinidade de chaves, trancas, ferrolhos, levando seu zelo ao ponto de prender pedacinhos de linha nos batentes. Às vezes nós crianças, quando acordávamos mais cedo do que ela, rompíamos os fios de linha para nos divertir com a sua muda perplexidade de supor violado, de fora para dentro ou vice-versa, o seu castelo inexpugnável.

Nele continuou a viver com a filha mais velha, também viúva, após a morte de J. V. e a dispersão do resto da família, cada qual para um lado. Por estranho que pareça, não consigo me lembrar da sua morte nem do seu enterro, embora me lembre muito bem de todos os outros enterros da casa.

Quem sabe nunca morreu, ela que tinha tanto pavor de cemitérios. Quem sabe não voltou, sem que nós o percebêssemos, para a fazenda fluminense de onde viera, levando consigo os velhos folhetins que ninguém mais se interessava em ler e as velhas histórias de assombração que já ninguém queria ouvir.

UM EMPREGADO

Sofria de bócio e tinha sotaque de caipira, que a voz fanhosa mudava num quase lamento mesmo quando ria.

Na sua simplicidade havia algo de cerimonioso. Quando um de nós crianças lhe atravessava o caminho nos dias de lavar chão, ele gritava "foge foge!" porque "sai sai!" ou "passa passa!" só se diz a cachorro.

Os frequentadores mais assíduos da livraria o tomavam como cabide de anedotas ou vítima de armadilhas. Por exemplo, enfiar às escondidas um pedaço de arame na banana da sua sobremesa para vê-lo assustar-se à primeira mordida.

Era congregado mariano e usava sempre o distintivo da congregação na lapela do terno — brim pardo dos dias de semana, casimira azul-marinho dos domingos. Nas procissões ajudava a carregar o andor da Virgem.

Certo aniversário o levaram até o bar para comer doce e tomar guaraná, mas disfarçadamente misturado com cachaça. Depois de bêbado o arrastaram a uma casa de mulheres, de onde ele saiu berrando a Deus que o livrasse de Satanás.

Teve, não obstante, amores castos. Ficava de longe namorando com olhos compridos as mocinhas de família que passeavam pelo jardim da praça sem nada saber da sua silenciosa adoração.

Depois da morte do meu avô aposentou-se. De vez em quando ia visitar, saudoso, a livraria. Cheguei a vê-lo numa dessas vezes. Contaram-me há pouco tempo que morreu octogenário e desmemoriado num asilo de velhos.

Deve estar agora lá em cima, sentado com o terno de casimira à direita do Senhor, olhando-Lhe por sobre o ombro as onze mil virgens que, à Sua esquerda, ajudam a tornar menos monótona a eternidade dos justos.

LOUCOS

Ninguém com um grão de juízo ignora estarem os loucos muito mais perto do mundo das crianças que do mundo dos adultos. Eu pelo menos não esqueci os loucos da minha infância.

Havia o Elétrico, um homenzinho atarracado de cabeça pontuda que dormia à noite no vão das portas mas de dia rondava sem descanso as ruas da cidade.

Quando topava com um poste de iluminação, punha-se a dar voltas em torno dele. Ao fim de certo número de voltas, rompia o círculo e seguia seu caminho em linha reta até o poste seguinte.

Nós, crianças, não tínhamos dúvida de que se devia aos círculos mágicos do Elétrico a circunstância de jamais faltar luz em Taquaritinga e de os seus postes, por altos que fossem, nunca terem desabado.

Havia também o João Bobo, um caboclo espigado, barbicha rala a lhe apontar do queixo, olhos lacrimejantes e riso sem causa na boca desdentada sempre a escorrer de baba.

Adorava crianças de colo. Quando lhe punham uma nos braços, seus olhos se acendiam, seu riso de idiota ganhava a mesma expressão de materna beatitude que eu me acostumara a ver, assustado com a semelhança, no rosto da Virgem do altar-mor da igreja.

E havia finalmente o Félix, um preto de meia-idade sempre a resmungar consigo num incompreensível monólogo. A molecada o perseguia ao refrão de "Félix morreu na guerra! Félix morreu na guerra!".

Ele respondia com os palavrões mais cabeludos porque o refrão lhe lembrava que, numa das revoluções, a mãe o escondera no mato com medo do recrutamento, a ele que abominava todas as formas de violência.

Quando Félix rachava lenha cantando, no quintal de nossa casa, e, em briga de meninos, um mais taludo batia num menor, ele se punha a berrar desesperadamente: "Acuda! Acuda!" até um adulto aparecer para salvar a vítima.

Como se vê; os loucos de nossa infância eram loucos úteis. Deles aprendemos coisas que os professores do grupo e do ginásio não nos poderiam ensinar, mesmo porque, desconfio, nada sabiam delas.

A CASA

Vendam logo esta casa, ela está cheia de fantasmas.

Na livraria, há um avô que faz cartões de boas-festas com corações de purpurina.
Na tipografia, um tio que imprime avisos fúnebres e programas de circo.
Na sala de visitas, um pai que lê romances policiais até o fim dos tempos.
No quarto, uma mãe que está sempre parindo a última filha.
Na sala de jantar, uma tia que lustra cuidadosamente o seu próprio caixão.
Na copa, uma prima que passa a ferro todas as mortalhas da família.
Na cozinha, uma avó que conta noite e dia histórias do outro mundo.
No quintal, um preto velho que morreu na Guerra do Paraguai rachando lenha.
E no telhado um menino medroso que espia todos eles; só que está vivo: trouxe-o até ali o pássaro dos sonhos.
Deixem o menino dormir, mas vendam a casa, vendam-na depressa.

Antes que ele acorde e se descubra também morto.

INICIAÇÃO

Com os olhos tapados pelas minhas mãos, os dois seios de A. tremiam no antegozo e no horror da morte consentida.

De ventosas aferradas à popa transatlântica de B., eu conheci a fúria das borrascas e a combustão dos sóis.

Pelas coxas de C. tive ingresso à imêmore caverna onde o meu desejo ficou preso para sempre nas sombras da parede e no latejar do sangue, realidade última que cega e que ensurdece.

NANA PARA GLAURA

Dorme como quem
porque nunca nascida
dormisse no hiato
entre a morte e a vida.

Dorme como quem
nem os olhos abrisse
por saber desde sempre
quanto o mundo é triste.

Dorme como quem
cedo achasse abrigo
que nos meus desabrigos
dormirei contigo.

BALANCETE

A esperança: flor
seca mas (acaso
ou precaução?) guardada
entre as páginas de um livro.

A incerteza: frio
de faca cortando
em porções cada vez menores
a laranja dos dias.

O amor: latejo
de artéria entupida
por onde o sangue se obstina
em fluir.

A morte: esquina
ainda por virar
quando já estava quase esquecido
o gosto de virá-las.

PROSA PARA MIRAMAR

Rua Ricardo Batista.
Bela Vista.
Segundo andar? Eu já nem lembro.
A primeira vez fui levado por Francisco
na sua derradeira aparição entre nós
como aluno e filho torto de Tarsila.

A sala
com o espantoso De Chirico:
o gabinete com os livros
onde discutimos Bachoffen uma tarde inteira:
a geladeira
onde Antonieta lhe guardava à noite
um copo de leite surrupiado pelo Aurasil às vezes.

O cabelo cortado bem curto
por sob a boina azul (na rua).
Os olhos a olhar sempre de frente
numa interrogação ou desafio.
O sorriso, os dentes de antropófago.
A língua afiada
nos ridículos de gregos e troianos.

Não de pobres interioranos como eu, recruta
da geração de 45
(inofensiva, apesar do nome
de calibre de arma de fogo)

com a qual ele gostava de brigar
nas suas horas vagas
de guerrilheiro já sem causa.

Para ele (amor: humor) eu era apenas
um poetinha da jeunesse dorée
talento sem dor
mas felizmente com Dora.
Para mim ele era o velho piaga
(meninos eu vi) de uma tribo definitivamente morta
mas cujos ossos haveremos de carregar conosco muito tempo
queiram ou não
os que só não têm medo de suas próprias sombras.

Rua Ricardo Batista.
Passei por ali ainda outro dia.
O edifício está lá de pé mas ele se mudou.
Nunca mais o vi. Frequentei Nonê por uns bons anos
até a sua má ideia de voltar para a Úmbria
onde certamente lhe reconstruíram tijolo por tijolo
o ateliê e o casarão da Martiniano de Carvalho
hoje um hospital.

Nunca mais o vi? Mentira. Vi-o uma última vez
em 65 ou 66, estreia
de *O rei da vela* no Oficina.
Ele estava sentado na plateia bem atrás
com sua boina azul
já póstumo mas divertido de ver o irrespeitável público
comendo finalmente
do biscoito de massa mais fina
que com suas próprias mãos ele amassara
para o futuro, seu melhor freguês.

REENCONTRO

Ontem, treze anos depois da sua morte, voltei a me encontrar com Osman Lins.

O encontro foi no porão de um antigo convento, sob cujo teto baixo ele encenava a primeira peça do seu Teatro do Infinito.

A peça, *Vitória da dignidade sobre a violência*, não tinha palavras: ele já não precisava delas.

Tampouco disse coisa alguma quando o fui cumprimentar. Mas o seu sorriso era tão luminoso que eu acordei.

BALADA DO BELAS-ARTES

Sobre o mármore das mesas
do Café Belas-Artes
os problemas se resolviam
como em passe de mágica.

Não que as leis do real
se abolissem de todo
mas ali dentro Curitiba
era quase Paris:

O verso vinha fácil
o conto tinha graça
a música se compunha
o quadro se pintava.

Doía muito menos
a dor de cotovelo,
nem chegava a incomodar
a falta de dinheiro.

Para o sedento havia
um copo de água fresca,
média pão e manteiga
consolavam o faminto.

Não se desfazia nunca
a roda de amigos;

o tempo congelara-se
no seu melhor minuto.

Um dia foi fechado
o Café Belas-Artes
e os amigos não acharam
outro lugar de encontro.

Talvez porque já não tivessem
(adeus Paris adeus)
mais razões de encontrar-se
mais nada a se dizer.

MUNDO NOVO

Como estás vendo, não valeu a pena tanto esforço:
a urgência na construção da Arca
o rigor na escolha dos sobreviventes
a monotonia da vida a bordo desde os primeiros dias
a carestia aceita com resmungos nos últimos dias
os olhos cansados de buscar um sol continuamente adiado.

E no entanto sabias de antemão que seria assim. Sabias que a pomba iria trazer não um ramo de oliva mas de espinheiro.

Sabias e não disseste nada a nós, teus tripulantes, que ora vês lavrando com as mesmas enxadas de Caim e Abel a terra mal enxuta do Dilúvio.

Aliás, se nos dissesses, nós não te acreditaríamos.

SOBRE O FIM DA HISTÓRIA

A pólvora já tinha sido inventada, a Bastilha posta abaixo e o czar fuzilado quando eu nasci. Embora não me restasse mais nada por fazer, cultivei ciosamente a minha miopia para poder investir contra moinhos de vento.

Eles até que foram simpáticos comigo e os de minha geração. Fingiam de gigantes, davam berros horríveis só para nos animar a atacá-los.

Faz muito tempo que os sei meros moinhos. Por isso os derrubei e construí em seu lugar uma nova Bastilha. Vou ver se escondo agora a fórmula da pólvora e arranjo um outro czar para o trono.

Quero que meus filhos comecem bem a vida.

CEIA

Pesca no fundo de ti mesmo o peixe mais luzente.
Raspa-lhe as escamas com cuidado: ainda sangram.
Põe-lhe uns grãos do sal que trouxeste das viagens
e umas gotas de todo o vinagre que tiveste de beber na vida.
Assa-o depois nas brasas que restem em meio a tanta cinza.

Serve-o aos teus convivas, mas com pão e vinho
do trigo que não segaste, da uva que não colheste
mas que de alguma forma foram pagos
em tempo ainda hábil
pelo teu muito suor e por um pouco do teu sangue.

Não te desculpes da modéstia da comida.
Ofereceste o que tinhas de melhor.
Podes agora dizer boa-noite, fechar a porta, apagar a luz
e ir dormir profundamente. Estamos quites
tu e eu, teu mais hipócrita leitor.

ODES MÍNIMAS

À MINHA PERNA ESQUERDA

1

Pernas
para que vos quero?

Se já não tenho
por que dançar.

Se já não pretendo
ir a parte alguma.

Pernas?
Basta uma.

2

Desço
    que   subo
        desço   que
            subo
              camas
              imensas.

        Aonde me levas
        todas as noites
            pé morto
            pé morto?

Corro, entre fezes
de infância, lençóis
hospitalares, as ruas
de uma cidade que não dorme
e onde vozes barrocas
enchem o ar
de p
    a
    i
    n
   a sufocante
e o amigo sem corpo
zomba dos amantes
a rolar na relva.

      Por que me deixaste
            pé morto
            pé morto
    a sangrar no meio
    de tão grande sertão?

        não
        n ã o
        N Ã O !

    3

Aqui estou,
Dora, no teu colo,
nu
como no princípio
de tudo.

Me pega
me embala
me protege.

Foste sempre minha mãe
e minha filha
depois de teres sido
(desde o princípio
de tudo) a mulher.

4

Dizem que ontem à noite um inexplicável morcego assustou os pacientes da enfermaria geral.

Dizem que hoje de manhã todos os vidros do ambulatório apareceram inexplicavelmente sem tampa, os rolos de gaze todos sujos de vermelho.

5

Chegou a hora
de nos despedirmos
um do outro, minha cara
data vermibus
perna esquerda.
A las doce en punto
de la tarde
vão-nos separar
ad eternitatem.
Pudicamente envolta

num trapo de pano
vão te levar
da sala de cirurgia
para algum outro (cemitério
ou lata de lixo
que importa?) lugar
onde ficarás à espera
a seu tempo e hora
do restante de nós.

6

    esquerda   direita
    esquerda   direita
                    direita
                   direita

Nenhuma perna
é eterna.

7

Longe
do corpo
terás
doravante
de caminhar sozinha
até o dia do Juízo.

Não há
pressa
nem o que temer:
haveremos
de oportunamente
te alcançar.

Na pior das hipóteses
se chegares
antes de nós
diante do Juiz
coragem:
não tens culpa
(lembra-te)
de nada.

Os maus passos
quem os deu na vida
foi a arrogância
da cabeça
a afoiteza
das glândulas
a incurável cegueira
do coração.
Os tropeços
deu-os a alma
ignorante dos buracos
da estrada
das armadilhas
do mundo.

Mas não te preocupes
que no instante final
estaremos juntos
prontos para a sentença
seja ela qual for
contra nós
lavrada:
as perplexidades
de ainda outro Lugar
ou a inconcebível
paz
do Nada.

À BENGALA

Contigo me faço
pastor do rebanho
de meus próprios passos.

AOS ÓCULOS

Só fingem que põem
o mundo ao alcance
dos meus olhos míopes.

Na verdade me exilam
dele com filtrar-lhe
a menor imagem.

Já não vejo as coisas
como são: vejo-as como eles querem
que as veja.

Logo, são eles que veem,
não eu que, mesmo cônscio
do logro, lhes sou grato

por anteciparem em mim
o Édipo curioso
de suas próprias trevas.

À TINTA DE ESCREVER

Ao teu azul fidalgo mortifica
registrar a notícia, escrever
o bilhete, assinar a promissória
esses filhos do momento. Sonhas

mais duradouro o pergaminho
onde pudesses, arte longa em vida breve
inscrever, vitríolo o epigrama, lágrima
a elegia, bronze a epopeia.

Mas já que o duradouro de hoje nem
espera a tinta do jornal secar,
firma, azul, a tua promissória
ao minuto e adeus que agora é tudo História.

AO COMPROMISSO

Não sou homem de extremos.
Não sou do mais
nem do menos.

Tanto assim que nasci
em Brasília mesmo.
Não no Oiapoque ou no Chuí.

À GARRAFA

Contigo adquiro a astúcia
de conter e de conter-me.
Teu estreito gargalo
é uma lição de angústia.

Por translúcida pões
o dentro fora e o fora dentro
para que a forma se cumpra
e o espaço ressoe.

Até que, farta da constante
prisão da forma, saltes
da mão para o chão
e te estilhaces, suicida,

numa explosão
de diamantes.

À TELEVISÃO

Teu boletim meteorológico
me diz aqui e agora
se chove ou se faz sol.
Para que ir lá fora?

A comida suculenta
que pões à minha frente
como-a toda com os olhos.
Aposentei os dentes.

Nos dramalhões que encenas
há tamanho poder
de vida que eu próprio
nem me canso em viver.

Guerra, sexo, esporte
— me dás tudo, tudo.
Vou pregar minha porta:
já não preciso do mundo.

AO SHOPPING CENTER

Pelos teus círculos
vagamos sem rumo
nós almas penadas
do mundo do consumo.

De elevador ao céu
pela escada ao inferno:
os extremos se tocam
no castigo eterno.

Cada loja é um novo
prego em nossa cruz.
Por mais que compremos
estamos sempre nus

nós que por teus círculos
vagamos sem perdão
à espera (até quando?)
da Grande Liquidação.

AO FÓSFORO

Primeiro a cabeça
o corpo depois

se inflamam e acendem

o forno
do pão

a luz
na escuridão

a pira
da paixão

a bomba
da revolução.

Sim, mas vamos à coisa concreta:

você fala de fósforos
ou de poetas?

À IMPROPRIEDADE

De cearense sedentário
baiano lacônico,
mineiro perdulário

Deus nos guarde.

De carioca cerimonioso
gaúcho modesto
paulista preguiçoso

Deus nos livre e guarde.

AO ESPELHO

O que mais me aproveita
em nosso tão frequente
comércio é a tua
pedagogia de avessos.
Fazem-se em nós defeitos
as virtudes que ensinas:
o brilho de superfície
a profundidade mentirosa
o existir apenas
no reflexo alheio.
No entanto, sem ti
sequer nos saberíamos
o outro de um outro
outro por sua vez
de algum outro, em infinito
corredor de espelhos.
Isso até o último
vazio de toda imagem
espelho de um si mesmo
anterior, posterior
a tudo, isto é, a nada.

AO ALFINETE

A tua cabeça
é um infinito às avessas.
Com tua ponta aprende
a língua mais perversa.

Piedosamente escondes
obscenos rasgões.
Com prender o molde ao pano
uma roupa lhe impões.

No idioma da ambição
só ao módico dás nome:
"Algum para os alfinetes"
pede a mulher ao homem.

Mas se cais ao chão ninguém
se rebaixa em colher-te.
Com um muxoxo de desdém
diz: "É um simples alfinete".

A UM RECÉM-NASCIDO

para José Paulo Naves

Que bichinho é este
tão tenro
tão frágil
que mal aguenta o peso
do seu próprio nome?

— É o filho do homem.

Que bichinho é este
expulso de um mar
tranquilo, todo seu
que veio ter à praia
do que der e vier?

— É o filho da mulher.

Que bichinho é este
de boca tão pequena
que num instante passa
do sorriso ao bocejo
e dele ao berro enorme?

— É o filho da fome.

Que bichinho é este
que por milagre cessa
o choro assim que pode

mamar numa teta
túrgida, madura?

— É o filho da fartura.

Que bichinho é este
cujos pés, na pressa
de seguir caminho
não param de agitar-se
sequer por um segundo?

— É o filho do mundo.

Que bichinho é este
que estende os braços curtos
como se tivesse
já ao alcance da mão
algum dos sonhos seus?

— É um filho de Deus.

A meu esmo
quinze poemas desgarrados
[1995]

Para a Dora,
with (g) love

...a meu esmo
João Guimarães Rosa, *Grande sertão: veredas*

DÍSTICOS PARA TEMPOS DIFÍCEIS
(1964-1984)

1.
um horizonte de mordaças
de viúvas e ídolos sem cor

2.
a paz dos eunucos
a fibra dos moluscos

3.
pela voz dos papiros:
dinastia morta trono só ferrugem herói logo poeira

4.
número a mais...
número a menos...

5.
um morto sabe o que diz:
um morto não diz nada

OS FILISTEUS

uma flor estéril neste galho
sem fruto nenhum a resgatá-la
uma flauta inútil nesta sala
onde o remorso cumpre trabalhos

um futuro obscuro no baralho
uma valsa atroz: como dançá-la
se armas e barões dormem na vala
se a forja do nada bate o malho?

quem plantou faz jus a toda a messe:
flauta flor remorso forja valsa
se bem seja tarde e inês já morta

de pronto a mandrágora aparece-
nos sob os pés e abrimos a porta
do céu com as nossas chaves falsas

ÉLUARDIANA

uma criança ri na clareira dos tempos
um pássaro voa mais alto do que o céu
no cofre sem portas o azinhavre cobre
pilhas de moedas que ninguém mais quer

pelas ruas há vestígios de combate
grilhões sem prisioneiro crepúsculos no chão
o rato rói o rei descoroado
num bosque que se chama solidão

enquanto lava as feridas da culpa
a inocência penteia-lhe os cabelos
faça sol faça chuva a luz não para
de acender o fundo dos espelhos

a geometria irmã da liberdade
ensina a árvore a pular o muro
cansado de esperar revolta-se o relógio
e começa a marcar as horas do futuro

como o papel recuse confidências
a poesia liberta-se afinal
do poeta e a nudez vencedora
revoga a aporia do bem e do mal

ANAMNESE

Só souberam que o era após a Queda.

Como caíram de muito alto, mal lembravam de onde vinham.

Para que não se apagasse de todo a tenuíssima lembrança, pintaram-na primeiro na parede das cavernas.

Levaram-na mais tarde para os campos de cultivo e a colheita das vinhas.

Sobre ela assentaram as colunas do templo. Com ela acenderam a pira dos sacrifícios.

Mesmo por trás da grossa muralha dos castelos, algum pequeno horto lhe estava sempre consagrado.

Tampouco ficou esquecida nos jardins geométricos dos palácios e nos estranhos animais das tapeçarias.

Em meio à floresta das chaminés fabris e sobre a rede fluvial dos esgotos, subsistiu como grotesca nostalgia.

Dizem que foi sob os escombros até agora fumegantes da Utopia que a sua fragílima semente pereceu enfim.

Isso não muito depois de o gigantesco cogumelo de fogo, o mais sinistro arremedo da sua cornucópia, ter tornado supérfluo o próprio esforço de lembrar.

REVISITAÇÃO

Cidade, por que me persegues?

Com os dedos sangrando
já não cavei em teu chão
os sete palmos regulamentares
para enterrar meus mortos?
Não ficamos quites desde então?

Por que insistes
em acender toda noite
as luzes de tuas vitrinas
com as mercadorias do sonho
a tão bom preço?

Não é mais tempo de comprar.
Logo será tempo de viajar
para não se sabe onde.
Sabe-se apenas que é preciso ir
de mãos vazias.

Em vão alongas tuas ruas
Como nos dias de infância,
com a feérica promessa
de uma aventura a cada esquina.
Já não as tive todas?

Em vão os conhecidos me saúdam
do outro lado do vidro,
desse umbral onde a voz
se detém interdita
entre o que é e o que foi.

Cidade, por que me persegues?
Ainda que eu pegasse
o mesmo velho trem,
ele não me levaria
a ti, que não és mais.

As cidades, sabemos,
são no tempo, não no espaço,
e delas nos perdemos
a cada longo esquecimento
de nós mesmos.

Se já não és e nem eu posso
ser mais em ti, então que ao menos
através do vidro
através do sonho
um menino e sua cidade saibam-se afinal

intemporais, absolutos.

FOLHA CORRIDA

Vão-se as amadas
               despetaladas
                              no turbilhão
e o adolescente
               conta ao espelho
                              as primeiras rugas.

CENTAURA

A moça de bicicleta
parece estar correndo
sobre um chão de nuvens.

A mecânica ardilosa
dos pedais multiplica
suas pernas de bronze.

O guidão lhe reúne
num só gesto redondo
quatro braços.

O selim trava com ela
um íntimo diálogo
de côncavos e convexos.

Em revide aos dois seios
em riste, o vento desfaz
os cabelos da moça

numa esteira de barco
— um barco chamado
Desejo onde, passageiros

de impossível viagem,
vão todos os olhos
das ruas por que passa.

PÓS-EPITALÂMIO

many many gloves

**um dia você faz sol
no outro dia você chove**

many many gloves

**hoje você me irrita
amanhã você me comove**

many many gloves

uma prova dos nove?
or just love? love

with its many many gloves?

ORFEU

O jabuti perdeu a companheira por causa de um ovo atravessado que nem o veterinário conseguiu tirar.

Durante meses, ficou a percorrer aflito o jardim, de cá para lá, de lá para cá, procurando-a.

Nas épocas de cio, soltava, angustiado e cavo, o seu chamado de amor.

À falta de resultados concretos, acabou por finalmente desistir da busca.

Voltou a andar no passo habitual e ficar, como antes, longas horas imóvel aquentando sol.

Isso até o dia em que deixaram encostado ao muro do fundo do quintal um velho espelho.

Assim que topou com ele, estacou e se pôs a balançar a cabeça de um para outro lado no esforço de reconhecimento.

Quando julgou distinguir ali a companheira, soltou, mais angustiado e cavo do que nunca, seu chamado de amor.

Repetiu-o o dia inteiro diante do vidro impassível. Porém ela continuou para todo o sempre prisioneira do espelho.

MEIO SONETO

a borboleta sob um alfinete
o morcego no bolso do poeta
chacais cotidianos de tocaia
um enxame de moscas sobre o pão

entretanto mais livres do que nunca
pombas
pombas
pombas

EPITÁFIO PROVISÓRIO

Está completamente morto agora,
lagarto empalhado, múmia do Egito.

Nascido num país em cujos ares
poetas voejavam aos milhares,

ficou no chão, nada fez de inaudito:
disse apenas um verso e foi-se embora.

ÉCLOGA

lentos bois,
passam por mim
os dias

METAMORFOSES

sou o que sou:
o silêncio após o mas
e o ou

fui o que fui:
um ruído entre
o constrói e o rui.

fosse o que fosse:
a ponte (que pena!)
quebrou-se

ser o que seria:
já crepúsculo mal
começa o dia?

TOPOLOGIA DO ENCONTRO
(*sobre gravuras interativas de Sérgio Singerman e Bob Nugent baseadas em palavras inglesas*)

uma palavra para abrir
as portas de babilônia

border: fronteira melancólica
da página do mundo

edge: fio de navalha
afiando-se a si próprio

crossing: travessia
de todos os limites

ash: o tempo em pó
das ampulhetas

seed: semente de um sim
ainda por dizer

cocoon: casulo
azul tiepolo

e mão sobre mão
e imagem sobre imagem

escada: acima/ abaixo
corrosão: até o fundo: o outro

lado da mesma placa
onde duas mãos se encontram:

babelsião
siãobabel

QUO VADIS?

E agora — Mendonça, Battini —, que fazer?

O trotskista puxou o cordão da campainha, o bonde parou, só ele desceu.

Os demais companheiros, irresolutos, permaneceram em seus lugares. Enredado num espinheiro de questões de ordem, o comitê central não dá notícia de si há séculos.

Quanto a mim, desisti de andar de bonde. Prefiro andar a pé, mesmo sem ter para onde ir.

Nunca ajudei ninguém a erguer muros. Tampouco me chamo Josué. Não sei sequer tocar trombeta.

Será isto o fim dos tempos ou foi apenas o relógio que parou?

De ontem para hoje
dez poemas desgarrados
[1996]

Para a Dora
retrospectivamente

RECADO PRÉVIO

À semelhança dos quinze coligidos em *A meu esmo* (Florianópolis, Noa Noa, 1995), estes dez outros poemas desgarrados foram escritos em diferentes épocas. Deixei de incluí-los nas coletâneas que então publiquei porque destoavam do espírito delas. Ficaram, díspares e enjeitados, nas antologias ou periódicos que um dia os acolheram. Quatro jaziam ainda em estado de incompletude numa pasta de guardados. Dali os resgatei para completar, os inéditos, ou aperfeiçoar, os éditos, a fim de poder atender em tempo hábil ao convite de Ivana Jinkings, da Boitempo.

O título com que ora aparecem serve para lembrar-lhes a idade — alguns remontam aos anos 1940 — e o recondicionamento a que foram submetidos com vistas a torná-los mais palatáveis ao gosto atual, tanto do autor quanto do leitor, se algum houver.

Esperançosamente,
JPP

BAILE NA ALDEIA

Brandindo seu diploma
de normalista
Judith lhe aponta para o timbre
de vulvas veludosas
e seios em pé.

(Dentro dele fora dele
um mar de literatura
dentro dele fora dele
apenas literatura
— sou um estribilho)

E Judith
noite afora
com a dança interminável.

Às golfadas, a cidade
escorre de sua boca
em leites de cabra
missas dominicais
cinemas e quermesses.

Enquanto isso
a clarineta constrói mil soluções
no ar poligonal.

ÍTACA

Na gaiola do amor
não cabem asas de condor.
Penélopes? Cefaleias!
Quanta saudade, odisseias...

GONZAGUIANA

Em tronco de velho freixo
exposto à lixa dos ventos
ao vitríolo do tempo
não gravo teu nome não:

gravo-o no meu coração.

O AMOR EXEMPLAR

> *On doit ses oeuvres conseiller*
> Villon, *Le lais*

1. *Ode*

Mulher, à tua procura
sem temor me dividi
entre horizontes selvagens.

Esqueci muitas palavras
vaguei em bosque noturno
perdi-me em espelho fundo.

Como nada mais quisesse
atirei minha riqueza
aos ventos obstinados.

Mas em troca recebi
cabedais de mais valor
que os levados pelo vento:

este gosto de silêncios
estas mãos decifradoras
esta ternura sem pressas.

Num horizonte selvagem,
te encontro, mulher, um dia.
Já não sou o que seria.

2. *Fábula*

O mundo lhe pesa sobre os
ombros curvos, mas ele insiste em
partilhar todo naco de pão. A cada
esquina, seus passos oscilam entre o
salto e a queda.
Na mão direita leva uma pulseira
com guisos de jogral. Na esquerda
uma tocha cuja luz atrai
indiferentemente albatrozes
e morcegos.
Quando soar o último clarim,
seus olhos abrirão as cortinas do tédio
para esvoaçar, triunfantes, entre as
colunas da manhã.

3. *Epitalâmio*

É hora de surdos
tambores pulsando
no sangue mais espesso.

É hora de roupas
arrancadas, cascas
de fruta pelo chão.

É hora de línguas
vibráteis sobre luas
de alcovas plenilúnias.

É hora de líquido
plic — deslizando
— plac — sobre a pele.

É hora de bocas
em ofego, óleos
concêntricos, braços
crucifixos,
feras em assomo
para além da jaula.

É hora de refluxo;
confluem vaga e lava,
janelas amanhecem.

No círculo quebrado
olhos se fecham
tambores emudecem.

4. *Cantiga*

Sobolos rios
um dia me achei
vago fantasma
de mendigo e rei.

Sobolos rios
pus o meu anel
meu manto furado
meu sol de papel.

Sobolos rios
parado esperei
algo de passagem
algo que não sei

Ah curso erradio
desses rios sem lei.

5. *Lais*

Que as traças devorem
este papiro, resto
de inútil ciência.

Que a mudez apague
amanhã o equívoco
do não-dito ontem.

Que a chuva dissolva
o rastro dos meus passos
no chão.

Que só fique o eco
do teu nome no ar:
canção.

6. *Escudo*

Um campo em blau com águia desdobrada
e entre dedos de mão aberta em riste
a primeira luz da madrugada.

SÍSIFO

hoje agora me decido
depois amanhã hesito
o dia detém meu passo
a noite cala meu grito

deuses onde? céu existe?
céu existe? deuses onde?
um eco que faz perguntas
um espelho que responde

e eu sísifo tardotriste
a tilintar as correntes
de dilemas renitentes

lá me vou sem vez nem voz
rolar a pedra dos mudos
pela montanha dos sós

DA FILISTEIDA

1. *Competências*

Nosso reino
é deste mundo; o vosso, de outro
que não este.

Nosso deus
fala claro: dar a César.
Vosso deus tem parábolas tão vagas...

Convenhamos: camelos
passaram sempre
por buracos de agulha.

2. *Consenso*

E o amor, esse belo
mas incauto animal?
No quintal.

E a justiça, donzela
de balança e espada?
Vendada.

E a honra, severo
ornamento da sala?
Na vala.

E a hipocrisia, máscara
para todo gosto?
No rosto.

Que rosto? O teu
o meu o nosso —
filisteus.

HISTÓRIA ANTIGA

Estava o rei
Atrás do cristal.

Vem o tempo,
Lhe fazer mal.

O tempo no homem:
Fora da prisão.

O homem no povo:
Senhor Capitão.

O povo no fogo:
O fogo sua lei.

O mal pelo bem
O bem pelo mal.

Que pálido o rei!
Que frágil o cristal!

ANTEMANHÃ NA VILA

O sol da Vila é triste
Noel Rosa

Um violão murmura coisas vagas.
No copo de cerveja agora um gosto
Salobro de fastio e fim de noite.

Na distância do morro ainda soam
Tamborins em surdina. O vento rasga
A folha de jornal que há pouco lia.

Ao voltar para casa sem amigos
Os seus pés vão pisando distraídos
Hemoptises de sol pelas calçadas.

É a hora fatal da madrugada.
A luz baça do dia que desponta
Apaga o vulto do último sambista.

SONETO AO SONETO
(*sobre mote*)

> *Perdeste em Leoni o decadente enredo*
> *Deu-te Pessoa estrelas imprevistas*
>   Domingos Carvalho da Silva

Perdeste em Leoni o decadente enredo
E essa perda afinal te enriqueceu:
Deixaste de ser grato ao filisteu
Que te queria digestivo e ledo.

Fez-te Augusto dos Anjos atro e azedo
Resmungo de defunto. Míope Orfeu,
Bandeira te tossiu e converteu-te
Em tísico e lírico segredo.

Sosígenes te deu pavões dementes,
Cassiano ardor trocadilhesco e dentes
Para mascar amêndoas concretistas.

Pôs-te Vinícius mijos dissolventes.
Mas isso no intramar; no ultra, entrementes,
Deu-te Pessoa estrelas imprevistas.

NATUREZA-MORTA

pprédiosprédiosprédiosprédiosprédios
prédiosaprédiosprédiosprediospredios
prédiosprédiosiprédiosprédiosprédios
prédiospredios prédios sprédiosprédios
prédiosprédiosprédiosprédiosaprédios
prédiosprédiosprédiosprédiosprédiosg
eprédiosprédiosprédiosprédiosprédios
prédiosmprédiosprédiosprédiosprédios
prédiosprédiosprédiosprédiosprédiosp

Socráticas
[2001]

Para a Dora
com toda razão e desrazão

— *¡Ilolológico!* — *gritaba el titiritero a punto de arrancar-se los pelos de la rabia.*
— *¡Relógico! ¡Relógico! ¡Recontralógico!*
¡Raquetecontrarrelógico!

Miguel Ángel Asturias,
El señor presidente

APRESENTAÇÃO

Minha convivência com José Paulo Paes foi longa, intensa e feliz. Trinta e cinco anos de encontros amiudados, conversas sem fim, descobertas, leituras e paixões comuns, afinidades, convergências e, fazendo parte do ritual da amizade, tácitas distâncias.

Presente, sempre, a crença comum na necessidade cada vez mais premente da Poesia que, no entanto, o seu estoico ceticismo sabia ser "voz clamante no deserto" no meio da opulência obscena de signos e coisas sem sentido que atulham a cidade pós-moderna.

Desta cidade poenta e ruidosa José Paulo Paes quis e soube ser uma espécie de Sócrates em tom menor: a consciência vigilante que interroga e incomoda, ao encalço de uma verdade tão ácida e aguda que não poupa nada nem ninguém, nem mesmo o próprio *eu* que a busca como um Pascal sem esperança, *en gémissant*.

As *Socráticas*, publicadas postumamente, soam como um recado jocosério aos que ficaram, e que são convidados (como queria o primeiro dos filósofos) a aprender a morrer com a mesma dignidade dos que souberam viver. "Dúvida" é um poema encontrado por Dora no computador do poeta. Sabe-se que foi composto na véspera de sua morte. Pronto e perfeito como tudo o que saía de suas mãos. Avulso embora, o poema convém no espírito e na letra ao corpo destas *Socráticas*. Daí, a justeza da sua inclusão no livro derradeiro de José Paulo Paes.

Alfredo Bosi

ALPHA

SKEPSIS

"Dois e dois são três" disse o louco.

"Não são não!" berrou o tolo.

"Talvez sejam" resmungou o sábio.

OS FILHOS DE NIETZSCHE

— Deus está morto, tudo é permitido!

— Mas que chatice!

O PIOLHO, DE ARISTÓTELES A FREUD

catarse:

catar-se

APOCALIPSE

o dia em que cada
habitante da China
tiver o seu volkswagen

ANACRONIA

— Desculpe: sou hétero.

FENOMENOLOGIA DA RESIGNAÇÃO

1 Comigo isso jamais aconteceria.

2 Se acontecer, eu sei o que fazer.

3 Da próxima vez não vai ser tão fácil.

4 Quem já não passou por isso?

FENOMENOLOGIA DA HUMILDADE

Se queres te sentir gigante, fica perto de um anão.

Se queres te sentir anão, fica perto de um gigante.

Se queres te sentir alguém, fica perto de ninguém.

Se queres te sentir ninguém, fica perto de ti mesmo.

FENOMENOLOGIA DO DOGMA

Só isto é invenção: o resto é diluição.

Isto é diluição: só o resto é invenção.

Isto é o resto.

APORIA DA VANGUARDA

Nada envelhece tão depressa quanto a novidade.

Só o que já nasceu velho é que não envelhece.

DO CREDO NEOLIBERAL

laissez faire

sauve qui peut!

CELEBRIDADE

para Raduan Nassar

Eu sou o poeta mais importante
da minha rua.

(Mesmo porque a minha rua
é curta.)

LIÇÃO DE COISAS

também para Raduan Nassar

Uma nêspera branca!
Transtornou-se acaso a ordem do universo?

Mordo-lhe a polpa: o mesmo
gosto das nêsperas amarelas.

Tudo é superfície.

ESTRATÉGIA

Fica na minha sombra
não te salientes
que quando eu ganhar o prêmio Nobel
te dou um pedaço.

DESCARTES E O COMPUTADOR

Você pensa que pensa
ou sou eu quem pensa
que você pensa?

Você pensa o que eu penso
ou eu é que penso
o que você pensa?

Bem vamos deixar a questão em suspenso
enquanto você pensa se já pensa
e eu penso se ainda penso.

BETA

BORBOLETA

Mal saíra do casulo
para mostrar ao sol
o esplendor de suas asas
um pé distraído a pisou.

(A visão da beleza
dura um só instante
inesquecível.)

ELOGIO DA MEMÓRIA

O funil da ampulheta
apressa, retardando-a,
a queda
da areia.

Nisso imita o jogo
manhoso
de certos momentos
que se vão embora
quando mais queríamos
que ficassem.

GOBELIN

O que propõe o clavicórdio
à flauta de Lauta Rónai?
Um bastidor onde ela possa
bordar os seus arabescos

que, unindo o calor do sopro
à frieza da corda, trazem
de volta o espírito amável
do século XVIII, quando

o horror da guerra se embuçava
em partidas de xadrez,
e a dor da vida se aguava
em aquarelas melancólicas

e as incertezas do amor
fingiam sujeitar-se às regras
de um jogo de cabra-cega
por jardins rococós nos quais

as sonatas de cristal
de Hotteterre, Devienne e os Bach
faziam tão verdadeira
a mentira pastoral.

SOBRE UMA FOTO DE JOSÉ BOTELHO

Junto à displicência
do cigarro aceso,

esse pé na janela
tem o ar domingueiro

de uma raiz que fugisse
à escureza do chão

para um instante abrir-se
em copa de árvore aos ventos

e aos pássaros antes
de, ainda quente

de sol, bêbada de azul,
voltar à dureza da gleba.

MOMENTO

Visto assim do alto
no cair da tarde
o automóvel imóvel
sob os galhos da árvore
parece estar rumo
a algum outro lugar
onde abolida a própria
ideia de viagem
as coisas pudessem
livremente se entregar
ao gosto inato
da dissolução — e é noite.

OPÇÃO

Seja para uma plateia de muitos
ou de um só espectador
aos atores incumbe representar
seus respectivos papéis
até o fim da peça.

Nisso diferem dos suicidas
que sem a menor cerimônia
voltam as costas ao respeitável público
e saem de cena
quando bem entendem.

DO EVANGELHO DE SÃO JERÔNIMO

A tradução — dizem-no com desprezo — não é a mesma coisa que o original.

Talvez porque tradutor e autor não sejam a mesma pessoa.

Se fossem, teriam a mesma língua, o mesmo nome, a mesma mulher, o mesmo cachorro.

O que, convenhamos, havia de ser supinamente monótono.

Para evitar tal monotonia, o bom Deus dispôs, já no dia da Criação, que tradução e original nunca fossem exatamente a mesma coisa.

Glória, pois, a Ele nas alturas, e paz, sob a terra, aos leitores de má vontade.

PROMISSÓRIA AO BOM DEUS

NÃO TE AMAREI sobre todas as coisas, mas em cada uma delas, por mínima que seja. É o que compete aos poetas fazer.

NÃO TOMAREI teu nome em vão, mesmo porque nome é coisa séria. Inclusive os feios, que, ditos por dá cá aquela palha, perdem muito da sua eficácia.

GUARDAREI os domingos e quantos dias de festa houver, que ninguém é de ferro, como descobriste no sexto dia da Criação.

SEMPRE HONREI pai pela paciência e mãe pela ternura com que me aguentaram, a não ser por dois ou três cascudos tão a contragosto que mais pareciam carícias disfarçadas.

SÓ MATAREI no sentido figurado da palavra — matar o bicho, matar o tempo — por mais forte que seja a tentação do sentido próprio durante o horário eleitoral gratuito.

NÃO PECAREI contra a casta idade assim que lá chegar. Por enquanto estou só a caminho, Senhor!

NÃO FURTAREI, salvo se se tratar de uma boa ideia ou de um adjetivo feliz que possa trazer um pouco de brilho à minha fosca literatura.

NÃO LEVANTAREI falso testemunho de ninguém, muito menos de ti, que hás por certo de preferir um agnóstico fora do teu templo a um vendilhão dentro dele.

NÃO COBIÇAREI coisas alheias. Deixo-as todas para os filisteus do meu país, fascinados pelas quinquilharias do que, enchendo a boca, eles chamam de primeiro mundo.

NÃO DESEJAREI a mulher do próximo nem a do remoto. Como sabes, jamais tive paciência de esperar na fila.

EM SUMA, Senhor, vou fazer o humanamente possível para seguir teus mandamentos. Mas desculpa, agora e na hora de nossa morte, qualquer eventual escorregão nas cascas que o Diabo espalhou a mancheias pelo nosso caminho depois de ter comido todas as frutas do teu, para sempre perdido, Paraíso.

DUAS REFÁBULAS

Cigarra, Formiga & Cia.

Cansadas dos seus papéis fabulares, a cigarra e a formiga resolveram associar-se para reagir contra a estereotipia a que haviam sido condenadas.

Deixando de parte atividades mais lucrativas, a formiga empresou a cigarra. Gravou-lhe o canto em discos e saiu a vendê-los de porta em porta. A aura de mecenas a redimiu para sempre do antigo labéu de utilitarista sem entranhas.

Graças ao mecenato da formiga, a cigarra passou a ter comida e moradia no inverno. Já ninguém a poderia acusar de imprevidência boêmia.

O desfecho desta refábula não é róseo. A formiga foi expulsa do formigueiro por lhe haver traído as tradições de pragmatismo *à outrance* e a cigarra teve de suportar os olhares de desprezo com que o comum das cigarras costuma fulminar a comercialização da arte.

Altos e baixos

Um homem apaixonado pelo céu andava o tempo todo de rosto para cima, a contemplar as mutáveis configurações das nuvens e o brilho distante das estrelas.

Nesse embevecimento, não viu uma trave contra a qual topou violentamente com a testa. Um amigo zombou da sua distração, dizendo que quem só quer ver estrelas acaba vendo as estrelas que não quer.

Espírito previdente, esse amigo vivia de olhos postos no chão, atento a cada acidente do caminho. Por isso não pôde ter sequer um vislumbre da maravilhosa fulguração do meteoro que um dia lhe esmagou a cabeça.

SALOMÉ

à dançarina do Arábia

Mas o que é que se agita
nas roscas do teu ventre
e faz dele um ninho
vivo de serpentes?

Mas o que é que desliza
por teus braços acima
e lhes põe uns coleios
de corda assassina?

Mas o que é que te morde
feroz os calcanhares
e se assanha mais
e mais ao girares?

À espada que
sobre os seios sustentas,
que João não quereria
curvar a cabeça

para a ver decepada
num prato, mas sempre
com os olhos cegos fitos
na dança do teu ventre?

PERGUNTAS

Por que três reis magos
guiados por uma estrela
vão até o lugar
onde está esse menino
que supõem divino?

E os pastores, por que
deixam nas cabanas
seus filhos pequeninos
para juntar-se aos magos
e cantar hosanas?

Será que esse menino
já não tem o que precisa?
Um berço de palha,
vaca, burro, mãe
e seu próprio destino?

— Uma cruz de madeira,
uma esponja de fel,
três cravos, cinco chagas
e mais uma mortalha
como qualquer mortal?

Mas serão cruz, fel e cravos
a palavra final?
Então por que estrela,
magos e pastores
em sempre outro Natal?

GAMMA

A BRAÇOS COM UM PROBLEMA

Acordei quando senti meu braço esquerdo soltar-se do ombro a que sempre estivera preso.

Que transtorno!

No dia seguinte eu precisava comparecer ao meu baile de formatura. Como explicar a repentina desaparição do braço?

Embrulhei-o numa folha de jornal e saí à procura do médico da cidade. Não estava em casa, tinha ido para o clube.

Lá não me deixaram entrar com o pacote. Poderia ser uma bomba e estava-se às vésperas da eleição da nova diretoria.

Voltei desolado para casa. Deitei-me e tentei soldar o braço com um pouco do sangue que ainda não secara de todo.

Pelo jeito deu certo. Quando tornei a acordar, surpreendi-me abafando com a mão esquerda um bocejo de astuta satisfação.

DESENCONTROS

à memória de Kurt Weill
à lembrança de Gilberto Mendes

tão cedo
cedo demais

sempre tão cedo
sempre tão cedo
demais

tão tarde
tarde demais

sempre tão tarde
sempre tão tarde
demais

tão sempre
sempre demais

sempre tão cedo
sempre tão tarde
sempre jamais

GLAUCO

Nas duas vezes que voltei a Curitiba
não o encontrei.
Numa tinha viajado para o Rio
na outra tinha viajado para a morte.

E nem havia mais onde encontrá-lo:
o Belas Artes fechara
a redação de *O Dia* sumira-se no ar
as pensões eram terrenos baldios.

Desarvorado me sentei à mesa
de uma confeitaria na esperança — vã —
de que algum sobrevivente de outros tempos
viesse dar notícias dele.

Só a caminho do aeroporto tive
um relance dos seus óculos kavafianos
mas sem os olhos risonhos
por detrás das lentes:

livres embora da miopia do corpo
seus olhos continuavam no encalço
da eterna
              fugaz
                       inatingível
                                Beleza Adolescente.

EX-IMPROMPTU

de onde vem este escolho
entre a mão e o olho?

por que tão rápida a hora
do aqui e agora?

entre o querer e o fazer
cabem quantos talvez?

ah, a bela imediatez...

DE MALAS PRONTAS

Vários dos seus amigos mortos dão hoje nome a ruas e praças.
Ele próprio se sente um pouco póstumo quando conversa com gente jovem.
Dos passeios, raros, a melhor parte é a volta para casa.
As pessoas lhe parecem barulhentas e vulgares. Ele sabe de antemão tudo quanto possam dizer.
Nos sonhos, os dias da infância são cada vez mais nítidos e fatos aparentemente banais do seu passado assumem uma significância que intriga.
O vivido e o sonhado se misturam agora sem lhe causar espécie.
É como se anunciassem um estado de coisas cuja possível iminência não traz susto.
Só curiosidade. E um estranho sentimento de justeza.

PRUDÊNCIA

Há um cachorro ganindo dentro da minha perna esquerda.

Mal o posso ouvir, embora sinta ali o tempo todo a protuberância do seu focinho.

Vem-me com frequência a tentação de abrir a carne com uma faca para que ele possa uivar livremente à lua.

Mas o medo de ter de lhe fitar os olhos me detém a mão todas as vezes.

Talvez seja mais prudente continuar ouvindo o seu ganido abafado ao longo das noites que ainda me restem.

STILL LIFE

Paisagem de fundo
geometricamente ordenada
pelas barras da porta.

As folhas novas
do arbusto,
a coluna impositiva
do relógio de sol,
a touceira (via láctea
doméstica) dos copos-de-leite

E, encostadas ao muro,
as folhas do antúrio
feito máscaras de deuses
implacáveis,
felizmente ainda
(ganhaste mais um dia!)
benignos.

STRIP-TEASE

Ela arranca a roupa
peça após peça e os dentes
deles lhe rasgam
a carne até o osso
             final
que o pudor das Evas-mães
teima em opor à sanha
de seus filhos-cães.

TEOLOGIA

A minhoca cavoca que cavoca
Ouvira falar da grande luz, o Sol.
Mas quando põe a cabeça de fora,
a Mão a segura e a enfia no anzol.

AUTOEPITÁFIO Nº 2

para quem pediu sempre tão pouco
o nada é positivamente um exagero

DÚVIDA

Não há nada mais triste
do que um cão em guarda
ao cadáver do seu dono.

Eu não tenho cão.
Será que ainda estou vivo?

data da última gravação: 8/10/98, 17h09

ÍNDICE DE PRIMEIROS VERSOS

a bom entendedor, 312
a borboleta sob um alfinete, 427
a capela dos templários em tomar, 324
A caravela sem vela, testemunho, 112
— a chuva me deixa triste..., 213
a comissão de frente, 265
A de amar, 256
A Deus Nosso Senhor encomendados, 85
A esperança: flor, 380
A mãe, ajoelhada, 131
A mão descobre, 42
a MATilha, 167
A minhoca cavoca que cavoca, 505
a missa, 170
A moça de bicicleta, 424
a morte enfim torceu, 191
a poesia está morta, 287
A pólvora já tinha sido inventada, 387
a praça? nunca foi do povo, 268
a sineta, 163
a torneira seca, 212
A tradução — dizem-no com desprezo, 487
à tua!, 228
A tua cabeça, 407
A. C., 177
abba 214
Acordei quando senti meu braço esquerdo soltar-se do ombro, 497

agora, 345
águamolepedradura, 308
amar, 200
Amarramos ao cais teu barco ébrio, 122
amigos abraços, 269
ano novo, 255
antes bebia de desgosto, 352
Ao teu azul fidalgo mortifica, 399
Aprendemos palavras generosas, 110
apresaéiminigadaprefeição, 300
As galas da terra, 75
As paredes, imóveis como porto, 143
as vozes eram reais como real, 348
Atirei meu coração às areias do circo, 63

barroco, 227
Brandindo seu diploma, 441
bruges la morte, 339
burocratas da arte, 335

Cansadas dos seus papéis fabulares, 490
capitis diminutio, 179
casa de ferreira, 301
catarse, 467
chega-te aos maus, 310
chez guevará, 350
CIA limitada, 234
cidade, 317

Cidade, por que me persegues?, 421
Cobri-me de cinzas, 131
cogito, 181
Com os olhos tapados pelas minhas mãos, 378
com tanto céu e sol e mar à vista, 331
Comigo isso jamais aconteceria, 470
Como estás vendo, não valeu a pena tanto esforço, 386
conciso? com siso, 289
Considerando, 108
consummatum est!, 195
contato, 202
Contigo adquiro a astúcia, 401
Contigo me faço, 397
corroídas pela emanação das fábricas e automóveis de atenas, 329
Corto a cidade, as máquinas e o sonho, 48
coyta, 201
Criara-se numa fazenda do estado do Rio, 371

dam, 337
De cearense sedentário, 405
de onde vem este escolho, 500
Decretamos silêncio, mas alguns, 139
depois de apear carlos v do caballito cantinflas, 320
Depois de nós, o dilúvio, 128
— Desculpe: sou hétero, 469
Desgrenhado e meigo, andava na floresta, 134
— Deus está morto, tudo é permitido!, 466
deus tem agora, 351
devagar se vai longe, 297

"do alto destes degraus", 332
do juízo final, 340
"Dois e dois são três" disse o louco, 465
Dora, que importa, 59
Dorme como quem, 379
Dorme o profeta, 129

e ã m ã, 307
E agora — Mendonça, Battini, — que fazer?, 433
é hoje que mercúrio, 178
e levaram-no maniatado, 249
...e tenho dito, 233
é uma tulipa uma tulipa uma tulipa uma tulip-, 338
economiopia, 196
Ela arranca a roupa, 504
ele ela, 203
ele nasceu... não ouvem o galo?, 276
Ele vive, 137
em boca fechada não entra mosc-, 305
em malarmado, 159
Em tronco de velho freixo, 443
em vão te inclinas pedagogicamente, 334
Embora seja o país, 83
entre o teto baixo e o chão de lajes, 326
Entre sonho e lucidez, as incertezas, 66
espaço que separa, 238
Está completamente morto agora, 428
Esta corda de ferro, 35
está melhor que nós todos, 215
Estava o rei, 451
Eu mal o conheci, 365

Eu sou o poeta mais importante, 475

Fácil riqueza de poucos, 145
faz, 274
faz uma reza, 157
Fecha-se um homem no quarto, 123
feijoada, 173
Fica na minha sombra, 477
Folha enrugada, 38
frei id, 226

Há um cachorro ganindo dentro da minha perna esquerda, 502
Há um poeta imóvel, 124
História, pastora, 71
hoje agora me decido, 448
hojes acuando, 211
homem público, 225

invenção, 288

já antecipa a língua, 162
Já o conheci de bigodes encanecidos, definitivamente avô, 369
Junto à displicência, 484

la vulverrose je t'le rappele, 206
lá?, 194
laissez faire, 474
le silence eternel de ces espaces infinis m'effraye, 209
lentos bois, 429
Levei comigo um punhal, 64
louvado seja o santo anunciante, 273

mais nada, 218
mais vale um pássaro na mão, 309

Mal saíra do casulo, 481
mamãe se é assim então é só matar todas as cegonhas!, 347
many many gloves, 425
mãos à obra!, 236
Mas o que é que se agita, 492
mas pra que fogueira, 266
metafísica, 161
Meu amor é simples, Dora, 58
meu deus, 216
Morre o boi, 135
morto, 346
Mulher, à tua procura, 444

Na gaiola do amor, 442
Nada envelhece tão depressa quanto a novidade, 473
Não a fina argila de que se faz um vaso, 127
não de prata, 260
não era esta a independência que eu sonhava, 275
Não há nada mais triste, 507
não que a chama não, 207
Não sei palavras dúbias, 121
Não sou homem de extremos, 400
NÃO TE AMAREI sobre todas as coisas, 488
Não te ouvi do Ipiranga, esse riacho, 146
Nas duas vezes que voltei a Curitiba, 499
Nasceu em leito de Procusto, 192
n e g ó c i o, 160
nem o jornal diz patranha, 190
neste lugar solitário, 250
Ninguém com um grão de juízo, 375
No alto da serra, 87

no capitólio interroguei marfório junto à piazza navona, 333
no suor do rosto, 263
Nossa vida, 61
Nosso reino, 449
nunca nenhum balão, 267
Nunca vislumbrei, 60

o amor é maluco, 197
O apito do trem perfura a noite, 363
o ato o fato, 174
o barco naufraga, 180
O bispo ensinou ao bugre, 81
O camponês sem terra, 133
o concretismo está morto, 291
o corcunda me levou até o alto da torre, 328
O couro do relho, 106
o dia dos que têm, 261
o dia em que cada, 468
O funil da ampulheta, 482
O galo cantou, 149
o homem mais feliz de vênus, 237
O homem trabalha, 46
o interventor do estado, 319
O jabuti perdeu a companheira, 426
O laço de fita, 367
O marechal de campo, 144
o ovo (tão óbvio) de pé, 349
o palíndromo do mundo, 245
o poema é o autor do poeta, 290
O que mais me aproveita, 406
o que pastam? brancos, 241
O que propõe o clavicórdio, 483
o rito, 175
O século tombou, madeiro podre, 148
olho por olho, 306
Onde os cavalos do sono, 361

ontem foi hoje?, 259
Ontem, treze anos depois da sua morte, 383
os restos mortais de luís de camões, 323

Padre açúcar, 82
Paisagem de fundo, 503
para quem pediu sempre tão pouco, 506
partido: o que partiu, 240
pegar uma paisagem qualquer, 277
pela independência da grécia, 330
pelo mesmo tietê, 239
Pelos teus círculos, 403
Perdeste em Leoni o decadente enredo, 453
Pernas, 391
Pesca no fundo de ti mesmo o peixe mais luzente, 388
piano, 303
poeta menormenormenormenor, 271
Por esta carta régia seja a terra, 79
por que céu tão azul?, 318
Por que três reis magos, 493
por seu fígado de pedra, 247
Por trinta dinheiros, 99
pprédiosprédiosprédiosprédiosprédios, 454
Primeiramente, condenou-se a pomba, 140
Primeiro a cabeça, 404

Quando as amantes e o amigo, 37
quando lhe veio à lembrança, 270
Que bichinho é este, 408
Quebrei minhas algemas contra o espelho, 65

quem cala consente, 299
quem tem boca vai a roma, 298

rapatiradeixapõe, 169
rochedo e pássaro: a mesma sombra parda, 264
Rua Ricardo Batista, 381

São bons de porte e finos de feição, 78
São meus todos os versos já cantados, 49
se de sub(missa), 182
se etc, 168
Se mais bem olhardes, 362
se me decifrarem, 165
se os poetas não cantassem, 311
Se queres te sentir gigante, fica perto de um anão, 471
se um dilúvio levasse tudo menos esta, 336
Seja para uma plateia de muitos, 486
Sejamos filosóficos, frugais, 107
sem a pequena morte, 246
sem estes marcos de pedra para guiá-lo, 327
ser ou não ser?, 158
— sim-sim? — não-não?, 262
Só fingem que põem, 398
Só isto é invenção: o resto é diluição, 472
Só souberam que o era após a Queda, 420
Sobre o mármore das mesas, 384
Sofria de bócio e tinha sotaque de caipira, 373
sou homem de ação, 235
sou o que sou, 430

tão cedo, 498
Tendo a espada renegada, 102
Tenham sanhas, querelas, tempestades, 73
Teu boletim meteorológico, 402
Teu protesto inútil, 40
Tiro da sua cartola, 47
tomei um expresso, 322
Trrrim, bocejo, 141

ufa ufa ufa ufa, 193
um dia é da calça, 304
Um dia segui viagem, 364
Um homem apaixonado pelo céu, 491
um horizonte de mordaças, 417
Um tranquilo riacho suburbano, 105
Um violão murmura coisas vagas, 452
uma criança ri na clareira dos tempos, 419
Uma espada qualquer, de qualquer aço, 57
uma flor estéril neste galho, 418
Uma nêspera branca!, 476
Uma palavra esquecida, 147
uma palavra para abrir, 431
uns te preferem suicida, 171
uva, 166

Vamos passear na floresta, 109
vamos pôr uma bengala de cego no túmulo de homero, 272
Vão-se as amadas, 423
Vários dos seus amigos mortos dão hoje nome a ruas e praças, 501
Vendam logo esta casa, ela está cheia de fantasmas, 377
viagem: sem olhos, 217

Vila Rica, Vila Rica, 91
Visto assim do alto, 485
você não gosta do que eu escrevo, 292
Você pensa que pensa, 478

volkswarren, 172
voltem por favor dentro de alguns anos, 325

wordswordswords, 229

1ª edição [2008] 1 reimpressão

ESTA OBRA FOI COMPOSTA PELA PÁGINA VIVA
EM MERIDIEN E IMPRESSA PELA GEOGRÁFICA
EM OFSETE SOBRE PAPEL PÓLEN SOFT DA SUZANO S.A.
PARA A EDITORA SCHWARCZ EM JUNHO DE 2022

A marca FSC® é a garantia de que a madeira utilizada na fabricação do papel deste livro provém de florestas que foram gerenciadas de maneira ambientalmente correta, socialmente justa e economicamente viável, além de outras fontes de origem controlada.